Die Frau in der Literatur

Fanny Mendelssohn

Ein Portrait in Briefen

Herausgegeben und
mit einem Nachwort versehen
von Eva Weissweiler

Ullstein Taschenbuch

Die Frau in der Literatur
Lektorat: Hanna Siehr

Ullstein Buch Nr. 30171
im Verlag Ullstein GmbH,
Frankfurt/M – Berlin – Wien

Originalausgabe

Umschlagentwurf: Hannes Jähn
unter Verwendung des Gemäldes
›Die Malibran am Flügel‹
von Eugène Delacroix

Die Wiedergabe der Briefe
erfolgt in der Originalschreibweise
Die bisher unveröffentlichten
Handschriften (Brief 1–30 und
32–37) wurden uns freundlicherweise
von der Bodleian Library, Oxford,
zur Verfügung gestellt
Brief 31 aus: Sebastian Hensel,
›Die Familie Mendelssohn‹

Printed in Germany 1985
Gesamtherstellung:
Ebner Ulm
ISBN 3 548 30171 1

Juni 1985

CIP-Kurztitelaufnahme
der Deutschen Bibliothek

Mendelssohn, Fanny:
Ein Portrait in Briefen / Fanny Mendelssohn.
Hrsg. u. mit. e. Nachw. vers. von Eva Weissweiler.
– Orig.-Ausg. – Frankfurt/M; Berlin; Wien:
Ullstein, 1985.
(Ullstein-Buch; Nr. 30171: Die Frau in der Literatur)
ISBN 3-548-30171-1
NE: GT

Wenn ich mir in stiller Seele
Singe leise Lieder vor
Wie ich fühle, daß sie fehle
Die ich einzig auserkor.

Möcht' ich hoffen, daß sie sänge
Was ich Ihr so gern vertraut,
Ach! aus dieser Brust und Enge
Drängen frohe Lieder laut.

Johann Wolfgang von Goethe, 1821, für Fanny Mendelssohn. Er händigte das Gedicht seinem Freund Zelter aus und sagte dazu: »Gib das dem lieben Kinde.«

Inhaltsübersicht

Kindheit in Hamburg und Berlin

(1805–1820)

»Fanny (...) ist die wenigst hübsche und für diesen Augenblick etwas stark altklug, kann aber, wenn sie in ihr Wesen hineinwächst, recht liebenswürdig werden, denn sie hat sehr viel Verstand; Felix ist engelschön und ein wahrhaftes Genie in der Musik; Beckchen sieht aus wie Marianne Saaling und spricht wunderniedlich, und Paul, der Jüngste, ist das Schönste, Schelmischste und Durchtriebenste, was ich mir denken kann.«
Rebecka Meyer an Rosa Herz, Berlin d. 2. März 1818.

Die Schwestern Rebecka (links) und Fanny.
Zeichnung von Wilhelm Hensel, 1828

Felix am Klavier, Zeichnung von Wilhelm Hensel

Zeittafel

1794 6. Juli: Wilhelm Hensel in Trebbin als Sohn des Pfarrers Johann Jakob Ludwig Hensel und seiner Frau Louise Johanne, geb. Trost, geboren.

1795 25. August: Gründung des Bankhauses Joseph Mendelssohn in Berlin (bis 31. 12. 1798)

1799 1. Januar: Gründung des Bankhauses Mendelssohn und Friedländer in Berlin (bis 31. 12. 1803)

1804 1. Januar: Gründung des Bankhauses J. u. A. Mendelssohn in Berlin (bis 31. 12. 1821)

1805 1. Januar: Gründung des Bankhauses Mendelssohn u. Comp. in Hamburg.
Lea Mendelssohns Bruder Jacob Salomon wird evangelisch und nimmt den Namen Bartholdy an.
14. November: Fanny Mendelssohn in Hamburg als Tochter des Bankiers Abraham Mendelssohn und seiner Frau Lea, geb. Salomon, geboren.
15. Dezember: Im Schönbrunner Vertrag muß Preußen seine Neutralitätspolitik aufgeben und ein Schutz- und Trutzbündnis mit Napoleon schließen.

1806 14. Oktober: Das preußisch-sächsische Heer wird bei Jena und Auerstedt von Napoleon geschlagen.
Napoleon marschiert in Berlin ein und verkündet die Kontinentalsperre gegen Großbritannien.

1807 Unter den Ministern Karl von und zum Stein und Karl August von Hardenberg setzt eine umfassende Reformtätigkeit in Preußen ein.

Madame de Staëls »Corinna« erscheint in einer Übersetzung von Fannys Tante Dorothea Schlegel.

1808 Fannys Tante Dorothea Schlegel wird katholisch.

1809 Gründung der Universität Berlin nach den neuhumanistischen Reformplänen des preußischen Unterrichtsministers Wilhelm von Humboldt.

Wilhelm Hensels Vater stirbt an der Schwindsucht.

3. Februar: Geburt von Felix Mendelssohn in Hamburg.

1811 Gründung der »Christlich-deutschen Tischgesellschaft« (Mitglieder: Kleist, Brentano, Savigny, Fichte u. a.). Brentano bezeichnet die Juden als »diese von den ägyptischen Plagen übriggebliebenen Fliegen«.

Wilhelm Hensel wird Student der Königlichen Akademie der Künste in Berlin.

11. April: Geburt von Rebecka Mendelssohn in Hamburg.

Die Familie Mendelssohn flieht unter dem Druck der Kontinentalsperre und wegen Konflikten mit den napoleonischen Behörden von Hamburg nach Berlin.

1812 In Preußen entstehen Befreiungsbewegungen gegen die napoleonische Herrschaft.

Preußisches Edikt vom 11. 3. »betreffend die bürgerlichen Gesetze der Juden«:

»Die in unseren Staaten jetzt wohnhaften, mit General-Privilegien, Naturalisations-Patenten, Schutzbriefen und Konzessionen versehenen Juden und deren Familien sind für Einländer und Preußische Staatsbürger zu achten.«

März: Das Berliner Bankhaus Mendelssohn muß zur Finanzierung von Napoleons Rußlandfeldzug 15000 Taler beisteuern.

19. Oktober: Die Grande Armée Napoleons wird von den russischen Heeren vernichtend geschlagen.

30. Oktober: Geburt von Paul Mendelssohn in Berlin.

1813 Rußland und Preußen vereinigen sich zu einer Koalition. Kriegserklärung Preußens an Frankreich.
Deutscher Befreiungskrieg mit Freiwilligenverbänden. Zum ersten Mal in der Geschichte Preußens nehmen Juden an kriegerischen Auseinandersetzungen teil. Wilhelm Hensel tritt als Freiwilliger in die »Garde-Kosacken-Escadron« ein.
16.–19. Oktober: Die französische Armee wird in der Völkerschlacht bei Leipzig geschlagen.

1814 30. März: Alliierte Truppen besetzen Paris.
6. April: Erzwungene Abdankung Napoleons.
20. April: Ludwig XVIII. wird König von Frankreich.
18. September: Eröffnung des »Wiener Kongresses«. Die Neugestaltung Europas wird eingeleitet. Rücknahme einiger Bestimmungen des Ediktes vom 11. 3. 1812.

1815 Joseph und Abraham Mendelssohn gründen Abwicklungs-Comptoirs in Paris.
Wilhelm Hensel kehrt aus dem Krieg zurück.
8. Juni: Gründung des Deutschen Bundes mit Frankfurt/M. als Sitz der Bundesversammlung.
16. September: Zum Kampf gegen revolutionäre Bestrebungen schließen sich der russische Zar, der österreichische Kaiser und der König von Preußen zu einer Heiligen Allianz zusammen.

1816 Votum des preußischen Finanzministeriums:
»Es wäre zu wünschen, wir hätten gar keine Juden im Lande. Die wir einmal haben, müssen wir dulden, aber unablässig bemüht sein, sie möglichst unschädlich zu machen. Der Übertritt der Juden zur christlichen Religion muß erleichtert werden, und mit dem sind alle staatsbürgerlichen Rechte verknüpft. Solange der Jude aber Jude bleibt, kann er keine Stellung im Staate einnehmen.«
Der Berliner Historiker Friedrich Rühs fordert die Einführung einer »Judensteuer« und die äußerliche Kennzeichnung der Juden als »Fremde«.

1. März: Fanny, Felix, Rebecka und Paul werden in der Neuen Kirche zu Berlin evangelisch getauft.

5. Mai: Das Großherzogtum Sachsen-Weimar-Eisenach erhält als erster deutscher Staat eine Verfassung.

Fanny erhält in Paris von Marie Bigot Klavierunterricht.

1817 Wilhelm Hensels einaktiges Lustspiel »Ritter Hans« wird uraufgeführt.

18./19. Oktober: Wartburgfest der deutschen Burschenschaften. Verbrennung von Büchern konservativer Autoren und des napoleonischen Code Civil. Proteste gegen das System Metternichs. Forderung nach der Einheit Deutschlands.

1818 Bayern und Baden erhalten Verfassungen.

Frankreich schließt sich der Heiligen Allianz Rußland/Österreich/Preußen an.

Hensels Schwester Luise tritt zum Katholizismus über.

1819 In einigen Universitätsstädten ziehen Burschenschaften mit der Parole »Hep-hep, Jud' verreck« herum. Bildung von Femebünden zur »Vertreibung der Juden mit Dolch und Schwert«. Fanny und Felix werden auf offener Straße als Juden beschimpft.

Karl August Varnhagen von Ense wird wegen liberaldemokratischer Haltung als Geheimer Legationsrat verabschiedet.

Eduard Gans, Moses Moser und Leopold Zunz gründen in Berlin den »Verein für Kultur und Wissenschaft der Juden« als Mittel gegen den jüdischen Identitätsverlust.

Fanny und Felix werden Kompositionsschüler von Carl Friedrich Zelter.

11. Dezember: Fanny schreibt ihre erste überlieferte Komposition: »Ihr Töne, schwingt euch freundlich« (Lied zum Geburtstag des Vaters)

1820 1. Oktober: Fanny und Felix werden Mitglieder der Berliner Singakademie.
Wilhelm Hensel erhält ein staatliches Stipendium für einen zweijährigen Italienaufenthalt.
Joseph Mendelssohn finanziert die halbjährige Reise Hardenbergs nach Österreich und Italien.

Die Briefe an den Bruder
I Nach Weimar, Paris und Neustadt-Eberswalde

(1821–1828)

»Das was man nicht sieht, wirkt nicht weniger heftig auf das Gemüt, als die sichtbaren Umgebungen, – die Idee des Landes, welches hinter jenen Gebirgen beginnt, ja selbst die fühlbare Nähe Italiens, der kleine Umstand, daß die Landleute alle in Italien waren, italienisch reden und den Wanderer mit den süßen Lauten der lieblichen Sprache begrüßen, rührte mich unendlich. Wäre ich an diesem Tage ein junger Bursche von 16 Jahren gewesen, bei Gott! ich hätte zu kämpfen gehabt, um keinen dummen Streich zu begehen.«

Fanny Mendelssohn über ihre Reise bis zum Sankt Gotthard im Sommer 1822. Aus einem Brief an ihre Kusine Marianne Mendelssohn, die Gattin von Alexander Mendelssohn, dem Sohn des Onkels Joseph.

Wilhelm Hensel illustrierte ein Gedicht seines Freundes Wilhelm Müller eigens für Fanny Mendelssohn

Felix Mendelssohn Bartholdy, Gemälde von Wilhelm Hensel

Zeittafel

1821 Januar: Wilhelm Hensel arrangiert die »Lebenden Bilder« für das Hoffest »Lalla Rookh« zur Feier des Besuches des russischen Thronfolgerpaares und hält sie in Aquarellen fest. Fanny und Wilhelm begegnen einander bei der öffentlichen Vorstellung der Aquarelle in seinem Atelier.
Okt./Nov.: Felix, Zelter und dessen Tochter Doris reisen zu Goethe nach Weimar. Goethe lobt Fannys Vertonung des Gedichtes »Erster Verlust« und schreibt neue Verse für Fanny.

1822 Abraham Mendelssohn nimmt für sich und seine Familie den Beinamen »Bartholdy« an und tritt mit Lea zum Protestantismus über.
1. Januar: Gründung des Bankhauses Mendelssohn und Fränkel in Berlin (bis 31. 12. 1827)
Juli-Okt.: Die Familie reist in die Schweiz. Auf der Hinfahrt trifft Fanny persönlich mit Goethe zusammen.
Weihnachten: Wilhelm Hensel verbringt das Weihnachtsfest bei den Mendelssohns und schenkt Fanny Gedichte seines Freundes Wilhelm Müller.

1823 April: Fanny und Wilhelm gelten als heimlich verlobt.
Herbst: Wilhelm reist für fünf Jahre nach Italien.

1824 Das Königstädtische Theater in Berlin wird unter Beteiligung Joseph Mendelssohns gegründet.
August: Fanny und Felix werden in Doberan an der Ostsee als »Judenjungen« beschimpft.

1825 Heinrich Heine läßt sich taufen.
März/April: Abraham und Felix Mendelssohn Bartholdy reisen nach Paris. Auf dem Rückweg besuchen sie Goethe.
23. März – 3. Juni: Fanny vertont fünf Texte von Goethe.
Juli: Fannys Lieblingsonkel Jacob Bartholdy stirbt in Rom.
Herbst: Abraham Mendelssohn Bartholdy kauft das Palais von der Recke, Leipziger Str. 3. Die Geschwister begründen eine »Sehr neue Garten-Zeitung« für den Sommer und eine »Thee- und Schnee-Zeitung« für den Winter.
1826 Zar Nikolaus I. richtet eine neue Geheimpolizei ein.
1827 Felix' Lieder op. 8 erscheinen bei Breitkopf und Härtel in Leipzig. Darin drei Lieder von Fanny enthalten.
26. März: Beethoven stirbt in Wien.
1828 1. Januar: Gründung des Bankhauses Mendelssohn u. Comp. in Berlin (bis 31. 12. 1938)
Oktober: Wilhelm Hensel kehrt aus Italien nach Berlin zurück.

Vorbemerkung:
Die Datierung der im folgenden nach den Originalen übertragenen Briefe folgt den Angaben der Schreiberin. Orts- bzw. Datumsangaben in spitzer Klammer wurden von der Herausgeberin sinngemäß ergänzt.

1. An Felix in Weimar

⟨*Berlin, d. 29. 10. 1821*⟩

(...) Du fehlst einem spät u. früh, lieber Sohn! u. die Musik besonders will gar nicht rutschen ohne Dich. Doppelt und dreifach danke ich es nun Freund Begas, daß er uns die liebe Fratze so natürlich auf die Leinwand gepinselt, als stünde sie lebendig vor uns.

Es ist ordentlich, als sollte ich keinen Akademietag vor Dir voraus haben, denn seit gestern bin ich so unwohl, daß ich nicht an Singen denken kann, ich huste wie eine alte Spittalfrau. Mutter ist auch nicht ganz wohl heut, sie ist ein bischen erkältet, aber ganz unbedeutend.

Wie ist Deine jetzige Minerva, Prof. Mentor mit Dir zufrieden? ich hoffe, (um recht hofmeisterlich zu werden) daß Du Dich recht *vernünftig* aufführst, u. der Erziehung Deiner Hausmeisterin Ehre machst. Wenn Du zu Goethe kömmst, sperre Augen u. Ohren auf, ich rathe es Dir, u. kannst Du bei Deiner Rückkehr mir nicht jedes Wort aus seinem Munde wieder erzählen, so sind wir Freunde gewesen. Bitte, vergiß nicht, sein Haus zu zeichnen, es wird mir Freude machen. Wenn es ähnlich und hübsch wird, mußt Du es mir recht sauber in mein musikalisches Stammbuch kopiren. H. Berger war gestern Abend hier, ich habe ihn aber nicht gesehn, weil ich mich schon um 7 legen mußte. – Von Lipinskis Conzert, u. dem Schicksale des Stralauer Fischzu-

Das Gartenhaus in Berlin, Leipzigerstraße 3,
Zeichnung von Felix Mendelssohn

ges bist Du durch Vater unterrichtet. Ich weiß nicht ob er Dir geschrieben hat, daß er heut eine Viertelstunde lang aus war. – Vom Freischützen ist noch nichts zu sehn u. zu hören, vielleicht kommt er morgen in die Zeitung.

Heut stehn zwei ellenlange Rezensionen des Fischzuges in der Zeitung, Vater vermuthet, die eine sei von Casper, mir ist es auch sehr wahrscheinlich; daß er nie lernen kann, die Dinte halten!

(. . .)

Du schreibst uns nicht, was Goethe für ein Instrument hat. Merke Dir sein Zimmer recht, Du mußt mir eine genaue Beschreibung davon machen. – Der liebe treffliche Rösel ist zurückgekommen, u. hat sich durch ein allerliebstes, sehr komisches Billett gemeldet, das mit den Worten anfängt: Petz ist wieder da! Sonderbar genug, daß Koreff, der vor einigen Tagen hereintrat, denselben Scherz machte. – Des Abends, wenn um die Thee-Stunde die Treppenthüre geöffnet wird, rufen wir oft wie aus einem Munde: das klingt, als ob Felix käme. Bleibe aber immer noch eine Zeitlang weg, es ist besser wir entbehren Dich etwas länger, u. Du sammelst Dir in dieser Zeit die schönsten Erinnerungen für Dein künftiges Leben. Dienstag kommt wieder ein Brief, die Zeit bis dahin scheint mir so ungeheuer lang, als ob ein Monat dazwischen läge.

(. . .)

Ich werde wohl während Deiner ganzen Abwesenheit nicht auf die Academie kommen, denn trotz meines Pochens hält mich der Doktor noch immer zu Hause. Meine Freunde oben werden glauben, ich sei incognito mitgereist, u. Fanny war sogar neulich hier, um sich durch den Augenschein von meiner Anwesenheit zu überzeugen. Adieu, mein Hamletchen! Gedenke meiner, wenn ich 16 Jahr alt werde. Nocheins, Du mußt auf meine Gesundheit ganz im Stillen einen Schluck Wein trinken, das bind ich Dir auf die Seele. Das Kupfer, welches daraus entstehn möchte, übernehme ich ganz u. gar. Adieu, vergiß nicht, daß Du meine rechte Hand

u. mein Augapfel dazu bist, daß es also ohne Dich auf keine Art mit der Musik rutschen will.

Deine treuste, hustendste Fanny.

(...)

Kommentar zu Brief 1

Freund Begas: Karl Begas (1794–1854), Maler eines später bekannt gewordenen Jugendporträts von Felix Mendelssohn. Heute verschollen. Abbildung als Frontispiz (nach einem Foto aus dem Märkischen Museum, Berlin) in: Wehmer, Carl (Hrsg.): Ein tief gegründet Herz.

keinen Akademietag: Chorproben auf der Berliner Singakademie, der Fanny und Felix seit 1820 angehörten.

Deine jetzige Minerva, Prof. Mentor: wohl Anspielung auf Carl Friedrich Zelter (1758–1832), den Kompositionslehrer der Geschwister, der Felix bei Goethe in Weimar einführte.

H. Berger: »Herr« Ludwig Berger (1777–1839), Komponist und Pianist, Klavierlehrer von Fanny und Felix Mendelssohn.

Lipinskis Conzert: Karol Józef Lipiński (1790–1861), polnischer Violonist und Komponist, Freund und späterer Rivale Paganinis.

Stralauer Fischzugs: Volksstück von Julius von Voß (1768–1832) mit Musik von Georg Abraham Schneider (1770–1839). Uraufführung am 28. 10. 1821 im Königlichen Theater, Berlin.

Vom Freischützen: Carl Maria von Webers Oper »Der Freischütz«, die am 18. 6. 1821 in Berlin uraufgeführt wurde. Fanny bezieht sich auf das Erscheinen des Klavierauszugs.

Casper: Johann Ludwig Casper (1786–1864), Arzt und Schriftsteller, verfaßte u. a. das Libretto zu Felix' Singspiel »Die Soldatenliebschaft« (1820).

Rösel: Samuel Rösel (1768–1843), Zeichenlehrer von Felix Mendelssohn.

Petz ist wieder da: Zitat aus Christian Fürchtegott Gellerts Fabel »Der Tanzbär«. Vgl. dazu: Werke, hrsg. von Gottfried Honnefelder, Bd. I, Frankfurt/M. 1979, S. 31:
»Und wo ein Bär den andern sah:
So hieß es: Petz ist wieder da!«

Koreff: David Ferdinand Koreff (1783–1851), Arzt und Schriftsteller, von 1816–1822 Professor für Psychiatrie und Physiologie an der Berliner Universität.

Fanny: Wahrscheinlich Fanny Casper, geb. Levin, deren Gedichte Fanny Mendelssohn gelegentlich vertonte.

Kupfer: Bezeichnung für roten Hautausschlag, der als typisch für Alkoholiker galt.

2. An Felix in Weimar

⟨*Berlin, d. 6. 11. 1821*⟩

Es war mein Vorsatz gewesen, Dir, mein lieber Sohn, heute recht lang u. ausführlich zu schreiben, aber wie Vater gestern sagte, der Mensch denkt u. der Husten lenkt. Dieser unwillkommene Gast hat mich mehrere Tage lang so gequält, daß ich ganz angegriffen davon bin, u. mich gar nicht viel beschäftigen darf. Denke Dir, daß ich sogar in drei Tagen nicht Clavier gespielt habe! Indessen kann ich doch nicht unterlassen, Dich wegen Deiner beiden lieben Briefe recht zu loben. Sie waren eben so hübsch gedacht, als gut ausgedrückt, (das Letztere ist sonst nicht sehr Deine Sache) u. uns daher auf jede Weise willkommen u. angenehm.

Wie gut ist es, daß ihr, statt die Feier in Wittenberg abzuwarten, gleich nach Weimar gegangen seid, diese Zeit ist rein gewonnen, u. Du wirst sie schon zu benutzen wissen. Es freut mich sehr, daß Du mit Deiner Oper so weit vorgerückt bist; schreibe mir doch, ob die mir unbekannten Nummern gut gelungen sind? Vergiß auch nicht, mir jedes mal zu melden, was Du vorgespielt hast, u. was am meisten Beifall gefunden, Du weißt, dergleichen Dinge können nicht zu umständlich erzählt werden, wenn sie an eine *Schwester* gerichtet sind. Von Hummels Unterricht muß mir auch durch Dich etwas zufließen, aber mündlich, bei Deiner Zurückkunft.

(...)

Da aber im Goethe steht, Lob u. Tadel muß ja sein, so kann ich auch nicht umhin, zweierlei an Deinem Briefe auszusetzen, aber sehr unwichtige Sachen. Erstlich, mein lieber Sohn, hättest Du in Deinem Calender nachsehn können, Du hast ihn ja vor der Abreise gestellt, u. da würdest Du gefunden haben, daß es nie einen *32. Okt.* giebt noch gegeben hat, dieses Datum hast Du vor das Ende Deines Briefes gesetzt.

Zweitens mußt Du, bei der Aufschrift Deiner Briefe, den Ort *rechts* setzen, u. nicht links, wie Du es bis jetzt gethan. Das sind nun an sich sehr unwichtige Bemerkungen, Du wirst sie aber von mir nicht übel aufnehmen, denn Du weißt ja, daß sie wohl gemeint sind.

Als ich neulich eben meinen Brief geschlossen hatte, kam der Freischütz an, worüber ich vor Freude nicht schrie, denn das konnte ich nicht, aber kräthe. Wenn Du da gewesen wärest, hätten wir eine sehr angenehme Stunde gehabt, so aber war ich ganz allein u. unvermögend einen Ton zu singen, genoß also nur die Hälfte des Vergnügens. Die Arie der Seidler habe ich ziemlich rein, sie ist gar schön. Gestern haben sie den Freischützen wieder gegeben, die Vorstellung soll herrlich gewesen sein. Eine funkelnagelneue Nachricht (von Heinrich) ist, daß Spontini seiner Macht wieder beraubt worden, u. Alles in alte Geleis gebracht sei. Man schreibt dem Kronprinzen diese gute Handlung zu.

(. . .)

Ich bin sehr neugierig auf den Text aus Wien, den Dir Mutter ankündigt; eine sentimental-naive Oper wäre so übel nicht, wenn sie sonst nur hübsch gemacht ist. Da giebt es gewiß allerliebste Cavatinen, Chöre mit obligatem Viehgebrüll, u. dergl. Raritäten. Spaß apart, aber ist das eine Art die ich, hübsch bearbeitet, sehr liebe. Schweizerzöpfchen, Milcheimer, Mettenglöckchen, Gletscher in der Abendsonne, Heimweh, alles dieses, sind musikalische, u. gar allerliebste Dinge, u. werden sich gewiß die Hülle u. Fülle in Deinem neuen Texte finden. Und wie hübsch wird Mme. Robert die schmachtende Hirtin singen! Ich sage Dir, ich freue mich unbändig darauf. Rechne dazu, daß Casper, durch Nacheifern angespornt, sich gewiß beeifern wird, Dir auch einen neuen, recht schönen Text zu liefern. Dann bist du für lange Zeit außer Sorgen.

Adieu, lieber Bursche, freue Dich daß Du in Weimar bist, u. athme die goethische Luft ein, die um Dich herum weht. Deinem Finale muß man seine Vaterstadt anmerken. Erkenne, wie glücklich Du bist, eine Zeitlang in Goethes Haus zu leben, u. ihn im vertraulichem Umgange mit seinem Freunde zu sehn, grüße diesen u. die gute Doris, u. den gutissimo Hummel, u. behalte lieb Deine Fanny.

Kommentar zu Brief 2

eben so hübsch gedacht, als gut ausgedrückt: Fanny zitiert hier fast wörtlich aus einem Brief, den sie ein Jahr zuvor von ihrem Vater erhalten hatte: »Was Du mir über Dein musikalisches Treiben im Verhältnis zu Felix in einem Deiner früheren Briefe geschrieben, war ebenso wohl gedacht als ausgedrückt. Die Musik wird für ihn vielleicht Beruf, während sie für Dich stets nur eine Zierde, niemals Grundbaß Deines Seins und Tuns werden kann und soll.« (Hensel, Familie I, S. 115. Brief vom 16. 7. 1820)

Feier in Wittenberg: Zelter und Felix Mendelssohn wohnten in Wittenberg kurz der Enthüllung des Luther-Denkmals bei, um dann ihre Reise nach Weimar fortzusetzen. (Werner, Mendelssohn, S. 550)

mit Deiner Oper: Wohl Felix Mendelssohns Singspiel »Die beiden Pädagogen« (Elvers, Briefe, S. 19 und S. 258). – Zu bemerken ist allerdings, daß, die Richtigkeit dieser Zuordnung von Elvers vorausgesetzt, das Singspiel nicht, wie an anderer Stelle angegeben (Elvers, Briefe, S. 248), schon im März 1821 beendet worden sein kann.

Hummels Unterricht: Johann Nepomuk Hummel (1778–1837), Komponist, unterrichtete Felix Mendelssohn während seines Aufenthaltes bei Goethe.

Arie der Seidler: Caroline Seidler (geb. um 1790), aus Wien stammende königliche Hofopernsängerin in Berlin, dort seit 1817 engagiert, sang die Agathe im »Freischütz« bis 1836 insgesamt 91mal.

Heinrich: Wohl Wilhelm Heinrich (geb. 1804), zunächst Chorist (Tenor), später Solist der Königlichen Hofoper in Berlin.

Spontini: Gasparo Spontini (1774–1851), italienischer Opernkomponist, wurde 1819 von Friedrich Wilhelm III. zum »Ersten Capellmeister und General-Musikdirector« in Berlin ernannt. Obwohl zwischen ihm und den Liebhabern der jungen deutschen Opernromantik heftige Kontroversen entbrannten, blieb er bis 1841 im Amt. Fannys Nachricht war demnach nur ein Gerücht.

dem Kronprinzen: Der spätere Friedrich Wilhelm IV. von Preußen.

Text aus Wien: Vgl. Lea Mendelssohns Anteil am Familienbrief vom 2. 11. 1821 (GBO): »Wie sehr sich alles bestrebt, Dir freundlich entgegen zu kommen, siehst Du auch daraus, daß Cousine Pereira Dir mit nächster Gelegenheit einen Operntext zuschickt. Sie meldet mir, es sei ein Schweizersujet, naiv-sentimentalen Inhalts.« Henriette von Pereira-Arnstein, die in Wien lebende Kusine Lea Mendelssohns, war eine hervorragende Pianistin und Musikkennerin.

Mme. Robert: Friederike Robert, geb. Braun (1795–1832), schwäbische Dichterin und Amateursängerin, später enge Freundin Fanny Mendelssohns.

Die gute Doris: Doris Zelter (1792–1852), Tochter von Carl Friedrich Zelter.

Carl Friedrich Zelter, Berlin 1829, Zeichnung von Wilhelm Hensel

3. An Felix in Paris

⟨Berlin,⟩ Montag d. 4ten April ⟨1825.⟩

Du wirst Dich wundern, daß ich aus meiner holden Ruhe das Wort Unruhe als Echo aus Deiner rauschenden bewegten Welt wiederhole, u. doch ist es so, hundertmal unterbrochen, gestört, ist es mir nicht möglich, drei zusammenhängende Worte zu schreiben, darum fang ich einmal früh am Tage an, u. frage gleich los, was mir zuerst einfällt. Kennt Onslow, (nicht Onzlow) u. Schuhu Reicha Beethovens 33 Veränderungen über einen Walzer? Sonst solltest Du Dir eine Ehre machen, so Du diese Herren allein auf ihrem Studierzimmer triffst, unsern großen Landsmann auch als Gelehrten u. Theoretiker bei ihnen einzuführen. Du nennst Drouet noch nicht, ist er abwesend? Es scheint mir beinah, als ob Du vor lauter Hören gar nicht zum Sehen kämest. Du hast noch keine Sylbe v. den Thuillerien, Museum, u. der Stadt u. Deinen Promenaden gesagt. Indessen hoff ich das in Deinem Tagebuche zu finden. Und zwar hast Du bis jetzt fast nur soirée-Musik gehört, ich sehe das ist tout comme chez nous, u. die Talente werden dort eben so gut abgeleiert, wie hier. Ueber italiän. Oper u. concert spirituel hast Du geschwiegen, bis auf einige Worte übers Orchester, die Ritz sehr verwundert haben, denn er sagt eben diese Blasinstrumente wären immer Rodes Entzücken gewesen. Ueber diesen R. kann ich nicht genug, u. nicht zuviel hören. Wird er denn gar nicht die Geige in die Hand nehmen? – Eben kommt Vaters Brief v. 2ten u. 3ten, lieber Felix, es ist uns recht ängstlich, daß er so unwohl, u. verstimmt scheint. Ist er es so sehr, wie seine Briefe? Tante J. findet ihn munter, u. wohler, als vor einigen Jahren.

(...)

Onslow: André George Louis Onslow (1784–1852), französischer Komponist englischer Herkunft.

Schuhu Reicha: »Schuhu« war in der Familie Mendelssohn ein Spitzname für überkritische Männer. Bei Goethe und Eichendorff ist er als Bezeichnung für einen unheilverkündenden, stets unzufriedenen Vogel – ironisch: »Criticus« – belegt. Vgl. Grimm, Deutsches Wörterbuch, IX, Sp. 1866. – Über Antonín Reicha (1770–1836), einen französischen Komponisten und Musiktheoretiker tschechischer Geburt, hatte Felix am 1. 4. 1825 geschrieben: »Der steht hier überall im Rufe eines Schuhu, (...) und er schämt sich auch wirklich freundlich zu sein.« (Großmann-Vendrey, Vergangenheit, S. 20)

Beethovens 33 Veränderungen über einen Walzer: 33 Veränderungen über einen Walzer von A. Diabelli C-Dur op. 120, von Ludwig van Beethoven.

concert spirituel: In den concerts spirituels wurde seit 1725 in der Karwoche geistliche Musik aufgeführt, später fanden sie vor allem an »opernfreien« Tagen statt.

Ritz: Eduard Ri(e)tz (1802–1832), Geiger, Jugendfreund von Felix Mendelssohn.

Rode: Pierre Rode (1774–1830), französischer Violinvirtuose.

Tante J.:	Henriette Mendelssohn (»Jette«) (1775–1831), in Paris als Erzieherin wirkende Schwester Abraham Mendelssohns.

4. An Felix in Paris

⟨Berlin⟩ den 25ten April 18⟨25.⟩

Etsch! Reist nach Paris, u. bekömmst keinen vernünftigen Ton zu hören, oder doch nicht viele, u. wir sind ruhig zu Hause geblieben, u. müssen alle Ohren aufsperren. In einer Woche Jessonda, Alceste, Samson u. die Pastoralsymphonie, denn die beiden letzteren Sachen giebt Sapupi übermorgen am Bußtage zu seinem Konzert. Was meinst Du? So viel scheint mir gewiß, daß Deine Anlage zum Schuhuhismus sich glänzend in P. entwickelt. Mein Sohn, Deine Briefe sind ja ganz aus Kritik zusammengenäht. Marx wird Freude an Dir erleben. Ich hoffe, in der Erinnerung wird noch Manches ein rosenfarben Kleidchen anziehen, was jetzt noch vom Staube der Befangenheit u. Vorurtheile graut, denn wenn Alles wirklich so arg wäre, wie Ihr es jetzt anseht, so wäre es ja Schade um die Reise. Kalkbr. karakterisirst Du sehr gut, u. rufst mir den liebenswürdigen Clavierengel wieder recht lebhaft ins Gedächtniß zurück. Ich wollte ihn einmal wieder über die Tasten blitzen hören.

(...)

Hat denn K. noch gar nicht *jettlich* gesagt? Grüße ihn doch ja, ich bin sehr erfreut, daß er sich meiner erinnert. Du armer Tantalus! Rode täglich zu sehn, u. keine Harmonie aus diesen Sphären zu vernehmen! doch muß ich gestehn, finde ich es recht tröstlich, ihn in P. zu wissen, wo doch ein Wiedersehn eher möglich ist, als in dem Winkel Bordeaux. – Ach was habt ihr für schöne Bilder gesehn! Warum schreibst Du davon kein Wort? Nichts von öffentlichen Gärten, der Stadt, den Gebäuden? Es scheint mir fast, als tödtete die leidige Soiréemusik jeden Genuß in Dir. Nun, die unsrige, kräftige, wird Dir schmecken, wenn wir erst in unserm großen, gewölbten Gartensaal Deine Symphonie streichen. Ach wie freue ich mich darauf!

(. . .)

Jetzt haben wir den schönsten, heitersten Frühlingshimmel, u. grüne Bäume. Sonntag Nachmittag waren wir in unserm Garten, mit der jungen Garde, zu der sich ein Rekrut eingefunden hat, ein junger H. Schubring aus Dessau, der uns freundliche Briefe v. Wilhelm Müllers gebracht. Wir alle huckten auf der Erde, u. suchten Veilchen, Klingem. mit; uns parodirend; wir behaupteten, er *buddele* Veilchen. Dazu hatte er seinen Brill aufgesetzt, u. dann ließ er sich auf einem abgehaunen Baumstamm nieder, die in sein Schnupftuch gesammelten Blumen, Erde u. Gras, zu ordnen. Kannst Du Dir diese grandiose Figur recht lebhaft denken? Unser Garten ist schon wunderschön; wie wird er nicht erst im Mai seyn, wenn der Flieder blüht. Du bist aber ein Stückchen Vandale, hast keinen Sinn für grüne Bäume.

(. . .)

Ist es nicht eine ungemein glückliche Idee, die Pastoralsymphonie vor dem Samson zu geben? Samson war just so ein Landmann, mit Dudelsack, Wachtel, u. Nachtigall. Und doch, so verkehrt es ist, freue ich mich auf Beides.

(. . .)

Ich grüße Väterchen tausendmal, u. Tante J., u. Rode, über dessen Zeilen wir eine außerordentliche Freude gehabt haben. Lebt wohl. Wenn wir Euch doch bis Potsdam entgegen fahren könnten.

Fanny.

Kommentar zu Brief 4

Jessonda: Oper von Louis Spohr (1784–1859).

Alceste: Oper von Christoph Willibald Ritter von Gluck (1714–1787).

Samson: Oratorium von Georg Friedrich Händel (1685–1759).

Pastoralsymphonie: Ludwig van Beethovens 6. Symphonie F-Dur op. 68.

Sapupi: Offenbar Spitzname für den in der Familie nicht wohlgelittenen Spontini. Am 27. 4. 1825 dirigierte Spontini in seinen traditionellen »Bußtagskonzerten« die Pastorale und das Oratorium »Samson«. (Vgl. Berliner Allgemeine Musikalische Zeitung 1825, S. 144)

Marx: Adolf Bernhard Marx (1795–1866), Schriftsteller, Musiktheoretiker und Komponist, von 1824–1830 Redakteur der Berliner »Allgemeinen Musikalischen Zeitung«.

Kalkbr.: Friedrich Kalkbrenner (1785–1849), deutscher Pianist, Komponist und Klavierpädagoge.

H. Schubring: »Herr« Julius Schubring, Theologe aus Dessau, später enger Freund Felix Mendelssohns.

Wilhelm Müller: Wilhelm Müller (1794–1827), aus Dessau stammender Dichter, Schöpfer der von Franz Schubert vertonten »Müller-Lieder«.

Klingem.: Carl Klingemann (1794–1870), Diplomat, enger Freund von Fanny und Felix Mendelssohn.

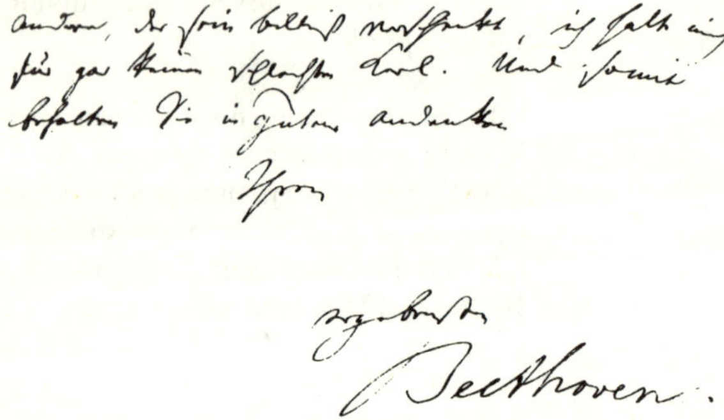
Beethoven.

Letzte Seite des Geburtstagsbriefes von Felix an Fanny vom 8. November 1825 in Form eines fingierten Beethoven-Briefes

5. An Felix in Paris

⟨Berlin,⟩ den 29sten April ⟨1825.⟩

Ja ja, mein Sohn, die Pastoralsymphonie (zu deutsch: Hirtensymphonie) ist sehr schön, u. wenn Dus nicht glauben willst, so rufe ich Dir zu, schweige, u. höre, u. dann urtheile. Ich kann Dir nicht mehr sagen, als daß Mutter entzückt davon war, u. mich, als es aus war, frug, was nun käme? Clarheit u. Wahrheit, Reichthum u. Einheit v. einem Ende bis zum Andern. Die Scene am Bach ist wirklich ein Ideal v. Anmuth, das ganze Stück in heiterer, heller Farbe gehalten, nur das schwere Gewitter bildet den nöthigen Schatten in der Landschaft. (...) Es ist der höchste Reiz, die lieblichste Anmuth der Instrumente, die ich kenne.

(...)

den 30ten.

Da Klingemann u. Beckchen ausgerast haben, will ich einmal wieder die Feder ergreifen, um Dir für Deinen sehr gescheuten Brief v. 20sten zu danken. Ich bin nur froh, daß Du endlich einmal mit vernünftiger Begleitung gespielt hast, bis jetzt hab ich Dich doch darbend gewußt mitten im Lande wo Milch u. Honig fließt. Ehe ich es wieder vergesse, will ich Dir nur gleich eine Frage thun, die mir schon lange auf dem Herzen lag, die ich aber immer vergaß, wenn ich die Feder in die Hand nahm, nämlich warum Du auf alle den matinées, diners, soupers, u. was noch für ers sind, noch gar nicht Dein Sextett gespielt hast? Giebt es in Paris in jener Gesellschaft nur Einen, der Bratschenschlüssel liest? Lieber F. ich möchte wol Ihr hättet Eure geliebte Mutter, Frau, Töchter, u. Du Deine vielgeliebte Schwester dort. Wenn ich v. Euren *vernünftigen* Plaisirs lese, läuft mir der Mund von Wasser. Doch glaube nicht, daß wir gar nichts vornehmen, wir haben gestern Abend Plaisir ausgestanden, so gut, wie ihr, wir waren auf einer Soirée, da war es so heiß, so heiß, wie es nur in Paris hätte seyn können. Wir waren da mit Iwan Müller u. dem Improvisator Wolff zusammen. Mit ersterem ließ ich mich in eine lange Discussion ein, um mir seine Verbesserung der Clarinette u. Altclarinette erklären zu lassen. Er behauptet, vermöge seiner Erfindung, mit mehreren Klappen, u. einem etwas veränderten Bau des Instruments, alle Tonarten auf demselben blasen zu können, u. alle Töne zu binden. Er schreibt daher auch jede Tonart in ihrer natürlichen Lage u. in ehrlichem Tenorschlüssel. Denke Dir meine Seligkeit bei der bloßen Hoffnung, einst alle Partituren so geschrieben zu sehn. Kommt dann noch irgend ein Müller v. Himmel, u. verbessert die Horne dergestalt, daß sie alle im Baßschlüssel geschrieben werden, dann lese ich die Partituren, wie Wasser. Kannst Du Dich bei Gelegenheit nach Müllers Clarinette erkundigen, so thue es doch, er behauptet, seine Verbesserung sey in P. durchgängig angenommen, u. auch hier haben schon mehrere Clarinett. angefangen, unter seiner Leitung solche Instrumente anfertigen zu lassen. Du mußt gestehn, es wäre ein großer Vortheil, alle Tonarten auf einer Clarinette zu blasen. Sein Spiel gefällt mir übrigens nicht. Sein Ton ist zwar sehr schön, aber sein Vortrag so geschmacklos, daß man sich sehr davon verstimmt fühlt. Mitten in seinen albernen Trillerchen, Läufchen u. Cadenzen hält er dann einmal einen Ton mit so abwechselnder Stärke u. so lange aus, daß einem der Athem vergeht, da soll man sich dann geschwind hineinfühlen, um augenblicklich wieder ins Laufwerk zurück zu fallen. So rasch fühle ich nicht, u. daher fühle ich wenn er spielt, gar nichts als Kopfweh, welches mir dies durchdringende Blasinstrument im Zimmer unfehlbar erregt. Wolff improvisirte trotz tropischer Hitze, Josterschem Eise, Kuchen, u. einer ihm auf dem Halse lastenden Menschenmasse, recht schön, u. ich war so glücklich, daß er ein Thema wählte, welches ich ihm aufgeschrieben hatte. Dorn begleitete ihn viel besser als Greulich. Er hatte einige musikal. aus dem Gedicht hervorgehende Ideen, die mich wirklich überraschten. Ein dann folgendes Tyrolerlied war auf der Guitarre begleitet, welche sich meiner Idee nach weit besser dazu eignet, schon weil ihr dünner Ton die Stimme nicht zu sehr bedeckt.

(...)

Rodes Wunsch, mit uns zusammen zu wohnen, wiederhole ich als tausendfaches Echo. Käme er nur her, es ist eine allerliebste Wohnung für ihn u. Frau u. Kind da, dann wollten wir jubeln:

Wenn das Gewölbe wiederhallt
Fühlt man erst recht der *Geige* Grundgewalt.

Und unser ganzes Haus sollte wiedertönen; aber daran ist leider nicht zu denken. Was sagst Du denn, daß der große Geiger Klingem. unser Miethsmann wird, obgleich Ritz sehr vor ihm gewarnt hat. Es sey zwar gefährlich den Leu zu wecken, etc. allein das schrecklichste der Schrecknisse sey Klingemann in seinem Wahn, nämlich in seinem Geigenwahn – oder Wahnsinn, wodurch er als umgekehrter Orphion, Thiere Menschen u. Götter verscheuchen würde. Er hat gestern unter tausend Possen Abschied genommen, u. ist heut zur Hochzeit gereist. – Du kannst denken, wie froh wir waren, eben zu vernehmen, daß Z. einen eigenhändigen Brief v. Goethe erhalten habe, u. wie sehr uns das Gerücht seiner Krankheit, u. sogar seines Todes, geängstigt hatte. Gott erhalte uns das Paar noch recht lange. Amen. – Und somit leb wohl, ich lobe Dich, ich liebe Dich, ich lobe Deine Briefe, u. hoffe, daß wir Euch liebe Dreieinigkeit bald wieder haben werden. Könnte ich nur so viel gescheute Antworten geben, als die Leute immer dieselben Fragen nach Euch thun. Adieu.

Beckchen:	Kosename für die Schwester Rebecka (1811–1858)
Dein Sextett:	Mendelssohns Klaviersextett D-Dur, op. 110.
Iwan Müller:	Iwan Müller (1786–1854), russischer Klarinettist.
Improvisator Wolff:	Vgl. dazu Berliner Allgemeine Musikalische Zeitung 1825, S. 135: »Die heutige improvisatorische Unterhaltung des Herrn Dr. Wolf aus Hamburg führte eine musikalische Leistung neuer Art herbei. Herr Dr. Wolf, welcher sein dichterisches Talent geübt hat, gegebene Themata, auf der Stelle (am liebsten lyrisch) in Versen auszuführen, fühlt sich in seinen Leistungen durch musikalische Begleitung unterstützt (...) und hatte sich zu seinem heutigen öffentlichen Vortrage mit unserm geschätzten Virtuosen, Herrn Greulich, vereinigt, seine Verse von diesem in freier Phantasie auf dem Fortepiano begleiten zu lassen.«
Verbesserung der Klarinette:	Müller propagierte in Paris seine »Clarinette omnitonique in B«, die durch eine streng nach akustischen Grundsätzen durchgeführte Bohrung der Grifflöcher und Vermehrung der Klappen von sechs auf dreizehn gekennzeichnet war. Dieses Instrument bildet die Grundlage für das heute übliche deutsche Klappensystem.

Dorn: Heinrich Dorn (1804–1892), deutscher Dirigent, Musikschriftsteller und Komponist, wie Fanny und Felix Schüler von Ludwig Berger und Carl Friedrich Zelter.

Greulich: Karl Wilhelm Greulich (1796–1837), deutscher Pianist und Musiklehrer, bekannter Klaviervirtuose in Berlin.

6. An Felix und Paul in Neustadt-Eberswalde

⟨*Pfingsten 1828*⟩

Seyd mir gegrüßet, ihr Brüder, im kühlenden Schatten des Waldes,
Welchen sonst Eber bewohnten, eh nun man die Stadt dort gegründet,
Diese prosaische Stadt, dem Hexameter höchst unfügsam,
Denn man das Ganze nicht will in die einzelnen Theile zerlegen.
Lasset uns Kunde erschallen, ob glücklich die Fahrt ihr beendet,
Watend im märkischen Sande, umsprungen von sieben Primanern,
Ob ein flatternder West auch labend die Wangen umspielet,
Ob ihr die Mittagsgluth mit Geduld und Ergebung ertragen?
Haben euch Arend u. Droysen u. Marx im Walde getroffen?
Flurschütz, grünes Prinzip, Wachmeister, Tragöde und Stieglitz?
Grüßet die Herren mir schön, nur den tragischen Schnurrbart grüßt nicht.
Kinder und Maiblum haben die Köpfchen gesenket seit gestern,
Trauernd um Felix, den blonden, und Paulus, den schmachtenden Schäfer,
Kehret nun bald mir zurück, ich beschwöre euch, theuerste Brüder.
Sonst purzele ich in die Prosa, denn ich habe nun keine Lust mehr mich zu genieren (...)

Eber bewohnten: Ironische Anspielung auf Neustadt-Eberswalde in der Mark Brandenburg, wohin Paul Pfingsten 1828 mit sieben Schulfreunden und seinem Bruder Felix eine Fußwanderung machte.

Arend und Droysen: Felix traf in Neustadt-Eberswalde seine Freunde Arend (vgl. Hensel, Familie I, S. 217) und Droysen. – Johann Gustav Droysen (1808–1884), Historiker, war zeitweilig Lehrer des nur wenig jüngeren Felix und schrieb Gedichte, die Fanny und Felix vertonten. Fannys Hexameter sind wohl ein scherzhaftes Kompliment an Droysen, der Aeschylos und Aristophanes übersetzt hatte.

Wilhelm Hensel und Fanny Hensel, geb. Mendelssohn Bartholdy.
Stahlstich von August Weger, Leipzig

Die Briefe an den Bruder
II Nach Grossbritannien

(1829)

»Beinah hätte ich vergessen, Ihnen zu danken, daß Sie erst aus meiner Verlobungskarte geschlossen haben, ich sey ein Weib wie Andre; ich meines Theils war darüber längst im Klaren, ist doch ein Bräutigam auch ein Mann wie Andre, wenn die Aehnlichkeit blos in der Verbindung besteht. Daß man übrigens seine elende Weibsnatur jeden Tag, auf jedem Schritt seines Lebens von den Herren der Schöpfung vorgerückt bekömmt, ist ein Punkt, der einen in Wuth, u. somit um die Weiblichkeit bringen könnte, wenn nicht dadurch Uebel ärger würde.«
Fanny Mendelssohn an Carl Klingemann, d. 22. März 1829.

Zeittafel

1829 Januar: Offizielle Verlobung von Fanny und Wilhelm

3. Februar: Fanny und Wilhelm sind zum ersten Mal seit seiner Rückkehr allein und beginnen mit einer Brautkorrespondenz.

21. Februar: Wilhelm Hensel wird in die Akademie der Künste gewählt.

11. März: Felix dirigiert die Wiederaufführung von Bachs Matthäus-Passion in der Berliner Singakademie.

10. April: Felix bricht zu einer Studien- und Kavaliersreise nach England auf.

Fanny komponiert einen ihm gewidmeten »Liederkreis«.

3. Oktober: Fanny und Wilhelm heiraten in Berlin.

7./8. Dezember: Felix kehrt von England nach Berlin zurück.

26. Dezember: Silberne Hochzeit der Eltern. Fanny komponiert ein »Festspiel« für Chor, Orchester, einen Tenor und zwei Bässe.

7. An Felix in London

⟨Berlin, den⟩ 1sten Mai ⟨18⟩29.

O Felix, könnt ich jetzt schriftlich innig blöken, anders wüßt ich nichts zu sagen, was Dir meine Freude ausdrückte. Gestern kamen Deine beiden lieben Briefe, u. heut kam der, den Du direct nach Berlin geschickt hast, u. der, blos mit der Post gegangen, am längsten unterwegs blieb, u. Du kannst Dir gar nicht denken, wie wohl mir der that, ich habe den ganzen Morgen die schönste Schimpflaune gehabt, (warum, kommt nachher) und nun bin ich so butterweich, daß man mich auf jedes Brodt streichen kann. Du Armer, was mußt Du ausgestanden haben, am Ostermontag verfolgte ich Dich beständig mit Tönen und Gedanken, u. stieß, wie ich nun sehe, viel zu früh in die drei Trompeten. In der Kirche, während der ganzen Predigt, hörte ich nichts, als das Einströmen in die Themse, u. eilte gewaltig zum Schluß.

Daß Paul den 29sten eingesegnet worden, hast Du schon vielfältig erfahren, es ist davon nichts Besonderes zu berichten, Wilmsen sprach gut, aber die Handlung dauerte erschrecklich lange, was bei der Kälte in der Kirche besonders beschwerlich war. Ich freue mich Dir sagen zu können, daß wir jetzt Alle ausgezeichnet zufrieden mit Paul sind, die angestrengte Arbeit, u. die gezwungene Entfernung von uns thut ihm sehr wohl, und Abends, wenn er zu Hause kommt, ist er zwar sehr ermüdet, aber auch so weich u. gut, daß wir uns herzlich darüber freuen. Sein Prinzipal ist sehr mit ihm zufrieden, u. die plötzliche Entfernung eines Commis hat ihm Gelegenheit gegeben, rasch zu avanciren. Da wir neulich in der Kirche so unser letztes Geschwisterchen in die Welt schickten, traten mir die großen Veränderungen des letzten Jahres wieder recht lebendig vor, was sich da Alles auseinander u. zusammen geschoben hat!

Heut ist der erste Mai, u. unser Zimmer ist nach zweimaligem Heizen erträglich warm geworden, die Bäume sind genau so weit, wie vor 14 Tagen, in der ganzen Natur scheint sich nichts zu rühren als der Sturm.

O Felix, großer Censor! Wirst Du mich für hier u. dort verloren, für ganz aus der Art geschlagen, für aus meinem Character u. meiner Natur gegangen erklären, wenn ich Dir freimüthig das Bekenntniß ablege, daß ich heut Abend bei Redens zum Thee bin? Und daß das der Grund meiner übeln Laune auf der ersten Seite ist.

(...)

Du schreibst so ausführlich, daß ich Dich nicht genug bewundern kann, wo Du die Zeit dazu hernimmst, wenn Du nur halb so fortfährst, brauchst Du kein Tagebuch, u. noch dazu haben wir die Freude, Alles mit zu erleben. Mutter, die noch im Bett liegt, (es ist noch früh, und wir müssen gleich abschicken) trägt mir auf, Dir für Deine Pünktlichkeit u. Ausführlichkeit sehr zu danken, Dir zu sagen, daß sie sich gestern mit einem schimmeligen englischen Ehepaar vortrefflich unterhalten habe, Familienverhältnisse mit England wegen, u. Dir in Ihrem Namen zu erzählen, wie herrlich gestern das erste Duett aus matrimonio v. Frl. Reden u. H. v. Röder executirt worden. Vater, der hinter meinem Stuhl stand, sang aus Herzensangst ganz laut mit, Frl. Elise war sehr heiser (wenn die Heiserkeit heiser ist, was ist das?) Mutter und ich sahen uns einmal an, aber dann nicht wieder, es wäre gefährlich gewesen.

Marx hat einen sehr hübschen Aufsatz über Paganini geschrieben. Daß Paganinis Concert für die Danziger überfüllt war, u. daß er darin neue 4stimmige Variat. über God Save vortrug, sage ich Dir wie Rellst. vom Hörensagen, denn es war Pauls Einsegnungstag, u. wir ruhig zu Hause. Heut Abend hören wir ihn bei Heinr. Beer.

Schreibe uns öfter Einladungen auf lange hinaus, die Du erhältst, heut Abend bist Du im Messias, es ist so angenehm, sich einmal vorstellen zu können, wo Du gerade bist.

Ich habe den Klopstock: willkommen o silberner Mond, auf Marx's Veranlassung für Instrumente, näml.: Contrabaß, 2 Celli, Bratsche gesetzt. Was! die Contrab. gehen nur bis a? Du mußt ihrer Tiefe eine Elle zuschlagen. Was machst Du sonst mit der Meeresstille?

Leb wohl, geliebter Schatz. Viele Grüße von Hensel, der heut mit Deinem Bilde fertig wird. Er hätte uns etwas Unangenehmeres erweisen können als dies Bild.

Grüß Klingem., grüß Rosen, grüß Moscheles, grüß sie, u. nimm Dich in Acht, nicht sowohl, daß Du nicht unter die Wagen, als daß Du nicht zu oft ins Cabriolet kommst, er möchte wieder eifersüchtig werden. Sie scheint Dich zu achten. Aber was will das sagen? Ich mache mir mehr aus Dir.

Die ältere Fischotter.

Kommentar zu Brief 7

ausgestanden haben: Bezieht sich auf Felix' Brief vom 21. 4. 1829 (Hensel, Familie I, S. 240 f.), in dem er berichtet, daß sein Schiff wegen starker Stürme verspätet in England eingetroffen sei.

Wilmsen: Friedrich Philipp Wilmsen (1770–1831), protestantischer Pfarrer in Berlin, der später auch Fanny und Wilhelm traute (Hensel, Familie I, S. 324).

angestrengte Arbeit: Paul Mendelssohn, der später ins Bankhaus der Familie eintrat, hatte 1829 mit einer Banklehre begonnen.

Redens: Familie des hannoveranischen Gesandten Franz Ludwig Wilhelm Freiherr von Reden (1754–1831). Die Beziehung zu dieser Familie rührte u. a. daher, daß von 1825–1831 die Hannoveranische Gesandtschaft in Fannys Elternhaus auf der Leipziger Str. 3 untergebracht war.

matrimonio: »Il matrimonio segreto«, Oper von Domenico Cimarosa (1749–1801).

H. v. Röder: Wahrscheinlich gemeint: Eugen Maximilian von Roeder (1782–1844), preußischer Generalleutnant.

Paganini: Niccolò Paganini (1782–1840), italienischer Violinvirtuose, der 1829 in Berlin gastierte.

Rellst.: Ludwig Rellstab (1799–1860), Musikschriftsteller, von 1826–1848 Musikreferent der Vossischen Zeitung in Berlin.

Heinr. Beer: Heinrich Beer (1794–1842), Bruder des Komponisten Giacomo Meyerbeer, Bankier in Berlin, verheiratet mit Betty Meyer, einer Kusine der Geschwister Mendelssohn.

Messias: Oratorium von Georg Friedrich Händel.

Klopstock: »Willkommen o silberner Mond« sind die Anfangsworte eines mit dem Titel »Die frühen Gräber« überschriebenen Liedes von Fanny Mendelssohn, das 1852 in op. 9 (Sechs Lieder mit Begleitung des Pianoforte) bei Breitkopf und Härtel in Leipzig verlegt wurde. Eine auf den 9. 10. 1828 datierte Kopie der Handschrift findet sich im Mendelssohn-Archiv der Staatsbibliothek Preußischer Kulturbesitz, Musikabteilung, unter der Signatur MAMs. 31. Die im Text erwähnte Fassung für tiefe Streicher wurde bisher noch nicht nachgewiesen.

Meeresstille: Felix Mendelssohns Konzert-Ouvertüre »Meeresstille und glückliche Fahrt« op. 27.

mit Deinem Bilde: Wilhelm Hensel hatte Felix 1829 porträtiert (vgl. Hensel, Familie I, S. 229 und 232).

Rosen: Friedrich Rosen (1805–1837), Orientalist, Freund Felix Mendelssohns, traf mit diesem in London zusammen.

Moscheles: Ignaz Moscheles (1794–1870), in London lebender deutscher Pianist, Komponist und Dirigent.

Sie scheint Dich zu achten: Charlotte Moscheles, geb. Embden (1805–1889), Frau von Ignaz Moscheles, führte Felix in die Londoner Gesellschaft ein und fuhr ihn in ihrem Kabriolett spazieren (Hensel, Familie I, S. 245 f.).

Fischotter: Felix nannte seine Schwestern die »Fischottern«.

Fanny Mendelssohn-Hensel, Bleistiftzeichnung von Wilhelm Hensel

8. An Felix in London

⟨Berlin,⟩ den 20sten Mai ⟨18⟩29.

Deine Fischottern kommen so eben wieder von einem Gartengange, walk genannt, den sie in unmäßigen Wohlseyn über Deinen sehr frohen Brief gethan haben, da sie eben nichts anderes thun möchten.

Die Kastanien leuchten, der Flieder duftet, die Maiblümchen stehn, steif u. forsch, wie überhaupt die erste Jugend, aus der Erde heraus, u. diese angenehme Sommerszeit wurde von uns gewählt, diese Tageblättchen an Dich anzufangen, die wir, Eins ums Andere fortsetzen wollen, u. sie Dir wöchentlich, gesandtschaftlich oder gelegentlich zu schicken gedenken – Heut früh weckte mich der Schornsteinfeger um 6, sonst stehe ich so früh nicht auf; die Frucht meiner Ueberwindung war ein gutes Lied, des Du Dich freuen wirst. An der Wendung dieser Phrase kannst Du nicht zweifeln, daß es von Droysen ist.

(...)

Mittwoch 27sten.

Von diesen Tagen ist nichts zu sagen, also sollte ich billig stillschweigen, aber nun fange ich erst recht an. Gestern erfuhr ich Hensels allerliebste Idee, mir den Stuhl von Deinem Bilde machen zu lassen, aber nicht, wie er es wünschte, sondern bei der Gelegenheit, daß Mme. Robert, die hier eingezogen ist, u. natürlich nichts weniger als die Idee hatte, uns dadurch zu stören, diesen Platz für sich wählte; ich bin heut zu ihr gegangen, u. habe sie gebeten, einen andern zu wählen, aber natürlich ist ihm die Freude verdorben. Ueberhaupt geht es mit Kleinigkeiten, wie's gegangen ist. Für mich bin ich wenig reizbar, wie ich aber früher für Dich an solchen Dingen litt, so jetzt für Hensel, den es fast so wie Dich affizirt. Mutter hat noch immer nicht gelernt, zu irgend einer Sache ja zu sagen, u. das giebt nach wie vor die unangenehmsten Momente. Noch neulich hatte ich wegen meiner Heirath eine der schlimmsten Scenen mit ihr. Uebersieht man freilich die Sache im Ganzen und Großen, so ist sie schön und gut, nur unverbesserlich, u. die kleinen Ecken u. Flecken fallen weg. Aber so gut u. so klug wie Du ist keiner von uns, u. darum erlangt keiner was von Mutter. Du bist unser Alpha u. Omega, u. alles was dazwischen liegt. Du bist unsre Seele, u. unser Herz, u. der Kopf dazu, der Rest mag sich hängen lassen. Wir sind alle recht gut, so lange Du nicht da bist, aber von da an taugen wir wenig. Du bist eine Gattung Haupthahn, an Dir ist was, an uns schon weniger, das Stück spielt jetzt oft, wir nehmen die kleine Titania in die Hand, u. sagen, gesegnete Malzeit, aber wir setzen ein O davor. Für mich giebt es eigentlich zwei Gattungen von Menschen, Du, u. dann die Andern. Beckchen wird das lesen, aber das genirt mich wenig, sie weiß doch, daß sie da ist, u. Hensel, u. noch Stücker drei oder vier, u. sie kann es auch schreiben. So, nun habe ich Dir was vorgeklönt, u. Dir vielleicht die Stunde verdorben, in der Du liest, nun bin ich zufrieden.

(. . .)

Heinrich Heine, Zeichnung von Wilhelm Hensel, 1829

9. An Felix in London

⟨Berlin, d.⟩ 4ten Juni ⟨1829⟩

Als gestern Dein 2ter Brief kam, war ich aus, u. als ich zu Haus kam, es zu spät, ihn noch zu beantworten. Und jetzt ist schon der 6te Juni, u. nicht mehr der 4te, u. es regnet noch immer; u. wir sitzen, horribile dictu: in der warm geheizten Stube. Und eben habe ich mein 6tes Lied an Dich fertig geschrieben, u. will es nun gleich auf das gelbe Löschpapier abschreiben, mit greulichen Verwünschungen gegen H. Schwarz, der mich so fürchterlich hintergangen hat mit besagtem Fließpapier.

7ten Juni: Pfingstsonntag. Ein grauer, (...) kalter Pfingsttag, an dem wirklich nichts zu holen ist, für uns einsam u. unbedeutend; Zwei Kornblumenkränze hängen drin am Spiegel, und wir sind noch uneins, ob wir sie nicht aufsetzen wollen, weil Du nicht da bist, oder aufsetzen, weil wir sie tragen würden, wenn Du da wärest, es wird wol beim ersten bleiben, denn es ist doch auch gar kein Blumenwetter. Eben habe ich meine Lieder fertig geschrieben, u. bitte Dich, verfahre damit, nicht als seyen sie aus der Ferne an Dich gerichtet, denn das giebt der Sache nur einen relativen Werth, sondern als hätte ich Lieder mit den u. den Fehlern gemacht, u. bäte Dich um eine kritische Rücksicht darauf. Eins ist darunter, welches ich für eins meiner besten Lieder halte, ich will einmal sehn, ob Du auch der Meinung seyn wirst, Du wirst es sehr schön singen. Und da siehst Du auch, daß Hensel, obwohl der faulste Schreiber, dennoch für Dich u. mit Dir beschäftigt ist.

(...)

Wir wollten gern die dummsten Possen für Dich schreiben, aber ach! die Possen sind uns ausgefallen wie die Haare. Zuweilen amüsire ich das kleine Zöpfchen damit, daß ich ihr nach der Reihe die verschiedenen Urtheile der Menschen über sie vorführe, als da sind: Ideal der Weiblichkeit – drolliges Gesichtchen – tragisches Gesicht – altes Testament – wie sich die verschiedenen Personen – Marx, Rauch, Heyne, die Milder über sie geäußert haben.

(...)

Kommentar zu Brief 9

mein 6tes Lied an Dich: Gemeint ist der »Liederkreis – An Felix, während seiner ersten Abwesenheit in England 1829«. Autograph (mit Titelvignette von Wilhelm Hensel) Bodleian Library, Oxford, MDM c. 22. Kopie im Mendelssohn-Archiv, Berlin, MAMs. 31.

das kleine Zöpfchen: Kosename für Rebecka Mendelssohn Bartholdy.

Rauch: Christian Daniel Rauch (1777–1857), deutscher Bildhauer, seit 1811 Mitglied der Königlichen Akademie der Künste zu Berlin.

Heyne: Heinrich Heine (1797–1852), war im Berliner Haus der Mendelssohns gelegentlich zu Gast. Vgl. dazu seinen Brief an Droysen (1829): »... der Stadträthin lasse ich mich ehrfurchtsvoll empfehlen, mit etwas weniger Ehrfurcht grüße ich Fräulein Fannys schöne Augen, die zu den schönsten gehören, die ich jemals gesehen. Die dicke Rebecka, ja, grüßen Sie mir auch diese dicke Person, das liebe Kind, so hübsch, so gut, jedes Pfund ein Engel.« (zit. nach Droysen, Briefwechsel I, S. 9).

die Milder: Anna Milder-Hauptmann (1785–1838), Opern- und Oratoriensängerin, seit 1815 in Berlin engagiert.

Wilhelm Hensel, Selbstbildnis (Bleistiftzeichnung)

10. An Felix in London

⟨Berlin,⟩ Sonntag 21sten Juni ⟨1829.⟩

Mein süßer Felix, es ist heut der schönste, stillste Sonntagmorgen, und eine gute Stimmung würde in der Luft liegen, wenn sie auch nicht in uns läge. In dieser guten Stimmung bin ich das Organ, welches Dir sagt, wie uns Beiden zu Muth ist, ich komponire heut nicht, weil Beckchen es nicht thut, und sie denkt nicht griechisch, weil ich es nicht verstehe; wir kommen eben aus dem Garten, hinten in der Nähe der großen Kastanienbäume schwebte ein leiser Regen von feinen weißen Flocken nieder aus den Bäumen, wie Sterne glänzten die hellsten Blüthen, und die Sonntagsglocken läuteten sehr feierlich. Und wir gingen in all der Herrlichkeit und dachten viel, an wen? und sprachen auch, wovon? Von Einem, den uns keine Nähe näher bringen könnte, weil er uns nah, und jeden Tag näher ist, von Einem, der ein guter Bruder ist, und der Beste den es giebt, und der gewiß heut an dem duftigen, sonnigen, klaren lieben Sonntagmorgen seine Schwestern recht nah bei sich hat. Warum kann man nun nicht Tagelang ein so liebes stilles Zusammenleben fortführen, warum muß man wieder reden, und Menschen sehn, und unterbrochen werden, wie ich jetzt? Einen Kuß auf Deine Stirn, so, nun ist der schöne Morgentraum vorbei. Komme Du bald!!

11. An Felix in London

Berlin 29sten Juni ⟨18⟩29.

Zuerst mein lieber Felix, den besten Dank für die unsre Heirath betreffende Supplik. Uns hat sie soviel Freude gemacht, als wenn sie von Wirkung gewesen wäre. Von Deiner Rückkehr übrigens war nie in der Beziehung die Rede, auf den Sept. oder Oktob. ist u. bleibt es festgesetzt. Paul sagte gestern zu Hensel, daß er Dich zu dieser Bitte veranlaßt habe, da aber Dein letzter Brief noch gar keine Antwort auf seinen enthalten kann, so ist es ein Zusammentreffen, welches mich von beiden Brüdern sehr freut. Ich bin so begierig, was Dein Tagebuch für Privatmittheilungen an uns enthalten wird, daß ich es kaum erwarten kann. Ich brauche durchaus einmal wieder die Versicherung von Dir, daß Du zufrieden bist. Sie ist mir zuweilen so nöthig, wie die Luft zum Leben, dann hält es wieder eine Weile vor. Wir haben gestern u. heut die angenehmsten Morgen gehabt, indem Hensel gestern den ganzen Sonntag, u. heut früh von 6 bis 8 am Hintergrunde Deines Bildes, größtentheils im Freien, malte. Dabei kampierten wir sehr nett auf dem Tuerplatz, u. es war hübsch, heut setzte er Dein Bild in die volle Sonne, wo es prächtig aussah, von einer unglaublichen Lebendigkeit. Neulich gab er mir einmal ein Gedicht, wovon er glaubte, daß es im Garten gesungen werden könnte, dazu ist es nun freilich zu ausgedehnt, ich redete ihm aus daß es komponirbar wäre, u. schreibe es nun zu seinem Geburtstage, ich hoffe, damit fertig zu werden. Es wird 8stimmig, Frauenchor u. Männerchor opponirend, dann beide zusammen.

Irgend einen Abend.

Dein Hora ist aber gar zu schön. Wie ich jetzt dazu komme? Ich bin seit 2 Stunden allein, u. sitze am Clavier, das heut gerade besonders nett klingt, u. spiele das Hora, u. stehe vom Clavier auf, trete vor Dein Bild u. küsse es, u. vertiefe mich so ganz in Deine Gegenwart, daß ich – Dir nun schreiben muß. Aber mir ist unendlich wohl, u. ich habe Dich unendlich lieb. Unendlich lieb.

Kommentar zu Brief 11

Supplik: Veraltet für »Bittgesuch«. – Felix hatte in einem Brief an den Vater (vgl. Elvers, Briefe, S. 72) darum gebeten, mit der Heirat nicht bis zu seiner Rückkehr zu warten, damit nicht »Hensel bis dahin vor Ungeduld stirbt«.

ein Gedicht: Von Fanny Mendelssohn vertont als »Nachtreigen« für achtstimmigen Chor a cappella. Autograph vom 29. 6. 1829 im Mendelssohn-Archiv der Staatsbibliothek Preußischer Kulturbesitz, Musikabteilung, MAMs. 70.

Dein Hora: Hora est, Antiphona und Responsorium für sechzehnstimmigen Chor a cappella. Unveröffentlicht. Ohne Opuszahl.

Abraham Mendelssohn, Vater von Felix, Zeichnung von Wilhelm Hensel

Lea Mendelssohn Bartholdy, geb. Salomon, Mutter von Felix, Zeichnung von Wilhelm Hensel

12. An Felix in London

⟨Berlin, d. 6. 7. 1829⟩

Um Gottes willen, was schreibt das Mädchen für Gottvergeßenes Zeug. Wirklich, wenn sie zuweilen ihren Schnabel laufen läßt, sollte man meinen, man müsse die ganze Person an den Fußblock legen, denn sie sey – Beatrice. Wirklich hat noch kein Sterblicher, außer Shakespeare, solche Possen geahndet. Aber nun bitte ich Jedermann inniglich, diesen folgenden Brief wirklich nicht zu lesen, da er große Geheimnisse enthält. Die Mittheilungen in Tagebuchform hören nun auf, da Du fortreist, u. die Gesandtschaft leider so sehr langsam befördert. Also von der silbernen Hochzeit. Große Pläne haben wir wol auch, aber sie liegen so ziemlich im Dunkel, Du mußt sie erstens ans Tageslicht fördern. So viel ist gewiß, daß, so Gott will, der Polterabend am 25sten Dec. bei uns, Hensels, im Gartenhause so gefeiert wird, mit kleiner, junger, lustiger Gesellschaft, d. h. viele Possen, als im Reiche des Humors nur irgend aufzutreiben sind. Der Tag geht vorüber, am Hochzeittage selbst werden Vormittags die verschiedenen gratulirenden Behörden empfangen, d. Mittags speist die königl. Familie unter u. bei uns, denn man muß sich nicht zu sehr fatigiren, weil Abends bei Euch große Musik ist. Die neue Hochlandssymphonie kommt vor, das Scherzo mit den luftigen Trompeten muß dreinklingen, u. Sommernachtstraum u. Meeresstille unvergessen bleiben. Was die älteste Otter betrifft, so möchte sie ihr kleines Laternchen lieber am Polterabend unter Wenigen leuchten lassen, denn erstens ist sie dumm, u. zweitens blöde, u. drittens kann sie nischt. Sie würde aber von ihrem Gemahl etwas dichten lassen, u. es auf Noten setzen. Auch der junge Hofdichter Droysen hat seine Dienste angeboten. Je mehr, desto besser. Du, o Bruder, mußt wieder eine Symphonie kneten, eine von denen, wo Mutter sich schon bei den

Vorbereitungen todtlacht, u. die muß den Anfang des Ganzen machen. Ein Ball findet etwa in der Woche darauf beim silbernen Ehepaare statt, das Londoner Kind wird wol keinen Wunsch vergebens äußern. Das soll ein Leben werden, Felix, ein Leben! Ich versichere Dich, ich kann mir nichts darüber, u. nichts danach denken, jede Minute ein Feiertag, nicht jeder Zoll ein Lump. Und das versichere ich Dich, bei mir sollst Du ungestört spielen, keine Maus darf sich rühren, alle Rührung geschieht innerlich. (...)

Felix, u. ich bin im weitesten Sinne des Wortes, zufrieden, glücklicher als ich je es zu werden dachte, denn ich träumte, u. fürchtete, eine solche Verbindung würde mich von Dir losreißen, oder doch entfernen, u. es ist, *wo möglich*, gerade das Gegentheil, ich habe mehr Bewußtseyn gewonnen, als früher, u. daher bin ich Dir näher, ich denke mehr, daher denke ich mehr an Dich, u. je mehr ich habe, je mehr ich haben werde, desto mehr werde ich Dich brauchen u. haben. Es ist nicht möglich, daß Du mir je von Deiner Liebe etwas entziehst, denn Du mußt es wissen, wie ich, daß ich nicht den kleinsten Theil davon entbehren kann. Ich werde Dir an meinem Hochzeittage dasselbe wiederholen, denn bis jetzt habe ich noch keine Empfindung u. keine Stellung kennen gelernt, in der ich nicht dasselbe gedacht u. gesagt hätte. Zu dem Allem sieht Dein Bild sehr freundlich u. lieblich aus, es ist gestern, an Hensels Geburtstage, viel daran gemalt worden, u. heut kommt er wieder, er will an der einen Hand noch ein Weniges retouchiren, u. dazu soll ich sitzen.

Die Angelegenheit mit dem Atelier ist nun auch so gut, als beendet, zu meiner großen Freude, das Luisenstift ist so nah, u. der Weg durch die Gärten (falls ihm das Durchbrechen der Thür gestattet wird) so angenehm, daß wir es uns wirklich nicht besser hätten wünschen können.

(...)

Mittwoch. Ich habe Dir nun weiter nichts mehr zu berichten, als von einer miserablen Aufführung der Iphigenie, Mlle.

Schechner wurde vor dem Anfang als plötzlich unpäßlich, deß Publicums Nachsicht empfohlen, u. bedurfte derselben auch gar sehr. Außerdem ist es wirklich schrecklich, wenn man solch ein Stück so kennt, u. es dann hört, daß auch nicht ein einziger Takt entsprechend dargestellt wird. Adieu, mein Felix, ich schriebe gern noch so fort, dann fällt mir aber immer ein, was Du immer gesagt hast, u. was immer falsch ist, daß man von Zu Hause nicht schreiben könne, ich glaube aber, es ist so, Männer müssen von Reisen schreiben, u. Frauen von zu Hause, die bringen dann jeden wohlbekannten Sandkorn aufs Tapet, u. das erfreut in der Fremde.

(. . .)

Kommentar zu Brief 12

Das Mädchen:	Rebecka, deren Anteil vor dem Fannys steht.
Beatrice:	Figur aus Shakespeares Komödie »Viel Lärm um Nichts«.
Silbernen Hochzeit:	Der Eltern, am 25. 12. 1829.
Hochland-symphonie:	Mendelssohns Schottische Symphonie op. 56.
Scherzo mit den luftigen Trompeten:	Anspielung auf Felix' Klavierkomposition »Trois fantaisies ou caprices« op. 16, die die Taylor-Mädchen, Freundinnen Felix' in England, musikalisch porträtieren sollten. Vgl. dazu Werner, Mendelssohn, S. 184: »Das zweite Stück, das durch gelbe Trompetenblumen im Haar Miss Honorias inspiriert war (. . .), deutet, wie Felix selbst sagt, die Trompeten in einem luftigen Feenscherzo an.«

Die älteste Otter:	Fanny selbst.
Hensels Geburtstag:	6. 7. 1829.
Luisenstift:	1807 gegründete »Erziehungs- und Industrie-Anstalt« für Jungen zwischen sieben und zehn Jahren. Das Gebäude befand sich in der Luisenstadt, Probstgasse 7.
Iphigenie:	»Iphigenie in Aulis«, Oper von Christoph Willibald Ritter von Gluck.
Schechner:	Nanette Schechner-Wagner (1806–1860), aus München stammende Opernsängerin, die gelegentlich in Berlin gastierte.

Moses Mendelssohn, Großvater von Felix

13. An Felix in London

⟨Berlin, d. 7. Juli 1829⟩

So eben habe ich meinen großen Generalbrief an Dich beendet, lieber Felix, u. muß nun diese kleine Privatdepesche hinzufügen, deren Inhalt folgender ist: Es ist Vater plötzlich aufgefallen, daß in mehreren englischen Blättern Dein Name blos Felix Mendelssohn genannt worden, u. er glaubt eine Absicht darin zu erkennen, u. will Dir heut darüber schreiben, wie uns Mutter gestern sagte, die es ihm auszureden versucht hat. Ob er es nun noch ausführen wird, oder nicht, weiß ich nicht, bin aber gestern Abend mit Hensel überein gekommen, Dir in jedem Fall diesen Brief zu schreiben, ist er unnütz, so schadet es auch nicht, möglicher Weise kann er Dir lieb seyn, u. ist er Dir unangenehm, so vergißt Du ihn mir. – Ich kenne u. billige Deine Absicht, diesen Namen, den wir alle nicht lieben, einst wieder abzulegen, aber jetzt kannst Du es noch nicht, da Du minorenn bist, u. ich habe nicht nöthig, Dich auf die unangenehmen Folgen aufmerksam zu machen, die es für *Dich* haben könnte, es wird Dir genug seyn, zu wissen, daß Du Vater dadurch betrübst. Du kannst es jetzt leicht, auf Befragen, für ein Versehn gelten lassen, u. Deinen Vorsatz zu gelegenerer Zeit ausführen. – Die eigentliche Absicht dieses Briefes ist, Dich einiger Maßen über die Sorge der Zeit u. Entfernung hinwegzuheben, die Dir Vaters Schreiben machen möchte. Wie Du selbst noch neulich schriebst, die Buchstaben sind so kalt, u. todt, u. es ist so leicht, den richtigen Vortrag zu verfehlen, Vater namentlich schreibt immer weniger angenehm als er denkt, so daß wir Dir gern über diesen Gegenstand noch einige freundlichere Worte wollten zukommen lassen. Es kann seyn, daß es Dich herzlich verdrießt, wenn Du hier zum drittenmal lesen sollst, was der Vater auf eine, u. vielleicht Mutter auf eine andre Weise schreibt, aber dann, wie gesagt, verzeihst Du uns eine übel ausgeführte gute Absicht, wir kennen uns, denk ich, u. Alles bleibt beim Alten. Es macht mir wenig Spaß, daß Du, der Du uns nur Gutes zukommen läßt, so oft von hier aus Unangenehmes zu erfahren hast, u. daß sich Dir gerade in dieser Beziehung das häusliche Leben in der Fremde fortsetzt; ich wollte stark, es wäre Anders, es ist nun aber einmal so, u. Gottlob, es geht in vielem Guten auf. – Wie wird es nun auf Deiner bevorstehenden Reise werden? Werden wir Briefe erhalten, so regelmäßig, wie bis jetzt? Ich denke mit Schrekken an den ersten Mittwoch, wo einer aus bleibt, denn wenn Mittag heran kommt, u. noch keiner da ist, fangen wir an, uns sehr ungebärdig zu betragen. Nun Du wirst schon sorgen. Adieu mein Felix, ich schicke diesen Brief an Hensel der noch einige Zeilen dazusetzen, u. ihn selbst auf die Post bringen will. Du weißt, wie es Dich immer verdroß, wenn die Eltern Dir ihre Zufriedenheit verbargen, denselben Verdruß setzt uns Vater fort, indem er gleichgültig u. stoisch thut, u. wir ihn dann darüber ertappen, wie er Deine Briefe zu Drei, vier Mann liest, u. wie alle Leute wissen u. sehn, wie er sich über Dich u. Alles was Dir begegnet, freut, nur wir sollen es nicht wissen. Wir wissen es aber doch. Und so lebe wohl, u. froh u. glücklich. Es sind mir während ich hier schrieb, zwei Augenwimpern aus u. aufs Papier gefallen, wenn die bis nach London kämen, würdest Du wissen, von wem der Brief ist.

⟨Nachschrift von Wilhelm Hensel:⟩
Es sind auch gestern mehr als zwei Thränen aus denselben Augen für Dich gefallen, u. daß ich sie Dir gönnte muß mir ein heilig Recht auf liebevolle Aufnahme dieser Zeilen geben. Felix! ich will mich nicht unberufen in Deinen Rath drängen, aber ich fühle Beruf Dir ein Wort zu sagen, das Dir nur als Material zu eignem Entschluße dienen soll. Der muß, wird frei seyn, wir könnten es nicht einmal anders wünschen von Dir. Was in Rede steht, wie sie darüber denkt, hat Dir Fanny gesagt. Daß sie mit Dir einig ist, wirst Du daraus sehn, daß

ich es mit Euch bin. Glaube meinem Wort. Da wir nun treu mit Dir stehn, dürfen wir auch frei mit Dir reden u. so hat Fanny angedeutet wie jetzige Ausführung eines an sich schönen Vorhabens, außer dem Schädlichen für Dich, was sie natürlich mehr berücksichtigt als Du thun würdest, wenn Du nicht wieder ihre liebevolle Sorge zu beachten hättest, ein Betrüben des Vaters herbeiführen müßte. Höre, Felix, stehe länger als Cäsar am Rubicon. Thust Du es nicht, würden wir Dich nicht weniger lieben, aber wir würden mit Dir zu leiden haben, denn es müßte Dir selbst leid thun, nachher. Bedenke, daß öffentliche Ablegung eines Namens Critik der Annahme wird, u. daß sie wenn auch nicht bitter gemeint dem Vater vom Sohn doch bitter entgegentreten muß. Dein Vater leidet gerade jetzt körperlich viel (krank ist er aber auf Ehre nicht!) Die Freude, welche Dein rüstig u. glücklich Greifen in Leben u. Kunst ihm gab, hob ihn oft sichtbar darüber hinweg, wie er es auch verhehlen mochte, könntest Du ihm nun anderes als Erleichterungen geben wollen? Ja, Du hast noch mehr zu bedenken, einen Umstand den Fannys opferndes Gemüth wohl kaum gedacht u. viel weniger in die Waage legen konnte, auf den ich aber nach Pflicht u. Wahrheit deuten muß. Jede Spitze die den Vater trifft, werden geschärfter Deine Schwestern empfinden. Er betrachtet sie als natürliche Bundesgenossen von Dir u. sie hehlen's auch nie, da müßte nun seine Gereiztheit gegen sie sich wenden u. ließen sie sich auch willig schelten, wie könnten sie ohne tiefen Schmerz anhören, wenn Du gescholten würdest? – Denk auch an die silberne Hochzeit, möge sie heiter, wahr u. freudig gefeiert werden! Was der Mensch heilig will erfüllt sich leise u. sicher wie das Leben in der Natur. Lebe wohl!

Dein treuer Bruder
Wilhelm Hensel.
(. . .)

›Die mageren Jahre, Joseph legt Pharaos Träume aus.‹ Fresko von Peter Cornelius in der römischen Casa Bartholdy, dem Palais von Lea Mendelssohns Bruder Jacob Salomon Bartholdy

will Dir heut darüber schreiben: Der Brief Abraham Mendelssohn Bartholdys (vom 8. 7. 1829) folgt in den Green books auf den von Fanny und Wilhelm. Er wurde 1909 von einem Enkel Felix', Albrecht Mendelssohn Bartholdy, für die Frankfurter Zeitung Nr. 31 (vom 31. 1.) ediert unter dem Titel: »Felix Mendelssohn Bartholdy, Beitrag zur Geschichte seines Lebens und seiner Familie.« Abdruck im Folgenden nach dem bei Werner (Mendelssohn, S. 59–61) wiedergegebenen Text:

»Der große Bogen wird heute wohl ohne mich voll werden, ich habe bemerkt, daß diesem Bogen manche fremde Beiträge geliefert werden und ich will dir daher um so mehr in einem eignen Brief schreiben als ich mich einer ernsten Angelegenheit wegen mit dir explicieren muß.

ich muß vermuthen, daß du dort den von mir angenommenen Familiennamen Bartholdy entweder ganz supprimiert, oder doch wenigstens vernachlässigt und geduldet hast, daß es von andern geschehe, ich finde dich wenigstens sowohl auf dem von dir eingesandten Koncertzettel als in allen Journalartikeln nur als Mendelssohn aufgeführt und kann mir diese Übereinstimmung nur dadurch erklären, daß du sie veranlaßt hast.

ich bin nun mit der Sache sehr unzufrieden, und hast du sie veranlaßt, so hast du sehr unrecht gehabt.

Ein Name ist am Ende nicht mehr und nicht weniger als ein Name, allein, erstlich hast du, bis du der väterlichen Gewalt entlassen bist, die einfache und unumgängliche Verpflichtung dich zu nennen wie dein Vater, und zweitens hast du die nie erlöschende vernünftige Verpflichtung anzunehmen, daß dein Vater, was er thut, ⟨nicht ohne⟩ ernstliche

Überlegung und gute Gründe thut.

Auf unsrer Reise nach Paris, den Tag nach der halsbrechenden Nacht, frugst du mich um diese Gründe zu der Namensänderung, und ich setzte sie dir weitläufig auseinander. Hast du sie vergessen, so hättest du mich noch einmal danach fragen können, haben sie dir nicht triftig geschienen, so hättest du mir bessere entgegen setzen sollen. ich will ersteres glauben, weil ich letztere nicht finden kann, und dir daher meine Gründe und Ansichten wiederholen.

Meines Vaters Vater hieß Mendel Dessau. Als dessen Sohn, mein Vater, in die Welt getreten war, als er anfing genannt zu werden, als er den edlen, nie genug zu preisenden Entschluß faßte, sich selbst, und seine Mitbrüder, aus der tiefen Erniedrigung, in welche sie versunken waren, durch Verbreitung einer höheren Bildung zu reißen, fühlte er, daß es ihm zu schwer werden würde, als Moses Mendel Dessau in das nähere Verhältnis, welches ihm erforderlich war, zu denjenigen zu treten, die damals im Besitz dieser höheren Bildung waren; er nannte sich, ohne daß er fürchtete seinem Vater dadurch zu nahe zu treten, Mendelssohn. Die Änderung war so unbedeutend als entscheidend. Als Mendelssohn trennte er sich unwiderruflich von einer ganzen Classe, aus der er die besten zu sich hinaufzog, und an eine andre Gemeinschaft anschloß. Der große Einfluß den er damals durch Wort, Schrift und That, auf die edelste und geistreichste Weise ausübte, der heute noch fortlebt und sich in steter Entwicklung verbreitet, gab dem Namen den er angenommen, ein großes Gewicht, aber auch eine unauslöschliche Bedeutung. Einen christlichen Mendelssohn kann es nicht geben, denn die Welt agnoscirt keinen, und soll es auch nicht geben, denn er selbst wollte es ja nicht seyn. Mendelssohn ist und bleibt das Judentum in der Übergangsperiode, das sich, weil es sich von Innen heraus rein geistig zu verwandeln strebt, der alten Form um so hartnäckiger und consequenter anschließt, als anmaßend und herrschsüchtig die neue Form meynt und behauptet, nur durch sie sey das Gute zu erreichen.

Der Standpunkt auf welchen mich mein Vater und meine Zeit gestellt, legte mir gegen Euch, meine Kinder, andere Pflichten auf, und gab mir andere Mittel an Händen, ihnen zu genügen. ich hatte gelernt, und werde es bis an meinen letzten Atemzug nicht vergessen, daß die Wahrheit nur Eine und ewig, die Form aber vielfach und vergänglich ist, und so erzog ich Euch, solange die Staatsverfassung unter der wir damals lebten, es zugeben wollte, frei von aller religiösen Form, welche ich Eurer eigenen Überzeugung, im Fall diese eine erheischen sollte, oder Eurer Wahl nach Rücksichten der Convenienz überlassen wollte. Das sollte aber nicht seyn, ich mußte für Euch wählen. Daß ich keinen innern Beruf fühlte, bei meiner Geringschätzung aller Form überhaupt die jüdische als die veraltetste, verdorbenste, zweckwidrigste für Euch zu wählen, versteht sich von selbst. So erzog ich Euch in der christlichen als der gereinigteren von der größten Zahl civilisirter Menschen angenommenen und bekannte mich auch selbst zu derselben, weil ich für mich thun mußte, was ich für Euch als das bessere erkannte. So wie aber meinem Vater sich die Nothwendigkeit aufgedrängt hatte, seinen Nahmen seiner Lage angemessen zu modifizieren, so erschien es mir Pietät und Klugheitspflicht zugleich das auch zu thun. Hier habe ich mir eine Schwäche vorzuwerfen, ich bekenne sie, aber ich halte sie für verzeihlich. Was ich für recht hielt, hätte ich ganz und entschieden thun sollen. Ich hätte den Namen Mendelssohn ganz ablegen, und den Neuen ganz annehmen sollen; ich war meinem Vater schuldig, es zu thun. ich that es nicht, um langjährige Gewohnheit, viele Mitlebende zu schonen, schiefen und giftigen Urtheilen zu entgehen; ich that Unrecht, ich wollte den Übergang vorbereiten, ihn Euch erleichtern, die ihr nichts zu schonen und zu besorgen hättet. Ich ließ sehr absichtlich deine Karten in Paris Felix M. Bartholdy stechen, da du im Begriff warst in die Welt zu treten, und Dir einen Nahmen zu machen. Du bist in meine Ideen nicht eingegangen, ich habe auch hier wieder, schwach genug, nicht eingegriffen, und wünsche mehr als ich erhoffe oder verdiene, daß mein jetziges Einschreiten nicht zu spät kommt. Du kannst und darfst nicht Felix Mendelssohn heißen, Felix Mendelssohn Bartholdy ist zu lang, und kann kein täglicher Gebrauchsname seyn, du mußt dich also Felix Bartholdy nennen weil der Name ein Kleid ist, und dieses der Zeit, dem Bedürfniß, dem Stande angemessen seyn muß, wenn es nicht hinderlich oder lächerlich werden soll. Die Engländer, sonst so förmlich, altrechtgläubig und steif, ändern ihre Nahmen öfters im Leben, und es wird fast keiner unter dem Nahmen berühmt, den er in der Taufe erhalten. Und sie haben Recht. ich wiederhole dir, einen christlichen Mendelssohn giebt es so wenig als einen jüdischen Confucius. Heißt du Mendelssohn so bist du eo ipso ein Jude, und das taugt dir nichts, schon weil es nicht wahr ist.

Beherzige dies, mein lieber Felix und richte dich danach. Kommt heute noch dein Brief so finde ich auf dem großen Bogen wohl noch Platz zu einigen Worten.

Dein Vater und Freund.

minorenn: veraltet für »minderjährig«.

14. An Felix in Schottland

Berlin, den 15ten August ⟨18⟩29.

Das Rad.

Was ist das Rad? Es erklärt nur sich selber, versteht auch nur sich allein, und ist eine moralische Person. Beigehendes Aktenstück schrieb es Dir bei einer fröhlichen Zusammenkunft in Charlottenburg, am Johannistage, nur sein Abgang ward verzögert, weil das folgende Aktenstück, eine bildliche Darstellung, an jenem Tage in freien, großen Bleistiftskizzen entworfen worden war, u. nachher theilweis zur Vollendung gedieh.

Bedarf es einer Erklärung? Kennst Du nicht den Jüngling in der Mitte, die Axe des Rades in englischem Frack und schottischem Zubehör? Sieht er nicht hier aus wie ein Regimentshoboist? Aber nach seiner Pfeife tanzt und dreht sich die ganze feine Gesellschaft. Fische schneiden ihn vom Contintent ab, und ein neugieriger Delphin nascht ihm die frischgeschriebene Musik aus der Tasche. Die ihm auf den Kopf tritt, ist unverkennbar die Behörde im blauen Mantel, sie hing ihn um an jenem Tage, obwohl es sehr heiß war, u. die Fausthandschuh schützten ihre Hände gegen die Mücken. Das C über ihrem Kopfe, der Mond mit dem Mann im Monde, wird Dir verrathen, was Du noch nicht weißt. Die zierliche Gestalt neben ihr tanzt Galopp mit Deinem Schatten, da Du nicht bei der Hand bist. Das A stellt einen Fruchtbäumchen dar, an dem ein Männchen auf einer Leiter heranklettert. Das F ist ein Wegeweiser, mit der Inschrift Berlin. Der freundlich Gebückte, der mit der einen Hand den Knäuel der Nachbarin hält, und mit der anderen eine silberne Schüssel präsentirt (klare Poesie) trägt Dir Dein Lieblingsgericht entgegen, einen Mohrenkopf. Einheit der Zeit u. des Orts ist wie Du siehst, nicht beobachtet, denn dieser Handlung nach müßte die Familie Sonntag Abends in der Leipziger Str. seyn, aber nein, das D spielt auf eine Radgeschichte an, in der bekanntlich zwar kein Jude, aber doch ein Oberlehrer ins Wasser fiel. Er steht mit ausgestreckten Armen u. man sieht ihn schreien, während eine Nixe nach seinem Fuße schnappt. Der Knäuel führt uns auf dem nächsten Wege zum Strickstrumpf, u. seiner Herrin. Ich denke Du wirst Nasens Schwester nicht verkennen. Ihr M schreitet als ehrbare Menuett einher. Der sich voll kühnen Schwunges ins Rad wälzt, u. sich zugleich ungerechter Weise als Hemmschuh behandelt hat, denn es ist wahrlich kein Hemmschuh an diesem Rade, der hat keinen Anspruch von mir gelobt, oder nur eingeführt zu werden, denn was geht er mich an? Ich halte zwar die Kette, an der er liegt, in Händen, aber was will das sagen? (Ich wurde auch einmal angebetet.) Ueber die zwei dummen zusammengewachsenen Fischottern will ich weiter kein Wort verlieren, denn daß das B aus zwei seltsam gruppirten Böckchen besteht, u. das F. durch ein Fernrohr nach London kuckt, kann Dir nicht entgehn. Als es so gezeichnet wurde, war es wahr, u. wenn Du's eröffnest, ist es wieder wahr. Der nun folgende schöne Mann schnitt, als er konterfeyt wurde, gerade Silhouetten aus Lindenblättern und kuckte mit der Nase recht emsig auf sein Geschäft. Das Blättergesicht ist nur zum Silbermond geworden, u. sonst ist es tale quale abgeschrieben. Sein H zeigt Dir zwei moderne Ballettänzer. Das Andre verschweig ich, doch weiß es die Welt. Uebrigens ist diese Ueberschrift auch nicht ohne Beziehung, denn der schöne Mann trug an jenem Tage schwarze Strümpfe u. Schuh mit langen Schleifen zu weißen Unaussprechlichen, was sich absonderlich gut ausnahm. Die kleine Person mit den großen Mameluks, die nun kömmt, knöpft sich den Ermel zu, Du wirst wol noch wissen, warum, (ich aber weiß nicht, warum über ihrem Kopfe sich zwei Personen zu einem freundschaftlichen A die Hände reichen?) Sie hält eine Blume, welche dem Herrn Bruder bis an die Nase wächst, der dankbar einen Thautropfen in den Kelch der Blumen legt. Ich behauptete immer es sey ein

Silbergroschen; der kleine Kerl oben bläst ins Alphorn, u. ruft: Hule hule Gänsechen, kommt zu Haus. Von weiteren Dingen, u. näheren Beziehungen nichts in diesem Briefe, der Dir zu spät zu Händen kommt.

Kommentar zu Brief 14

Das Rad: Zeichnung von Wilhelm Hensel. Bleistift, Aquarell und Goldbronze auf Karton, 202 × 172 mm. – Felix und sein engerer Berliner Kreis wurden »das Rad« genannt, weil, so Johann Gustav Droysen an seine Schwestern, »ungeheuer darin geklatscht wurde und die Damen unserer Bekanntschaft noch weit klatschhafter wieder durchklatschten, was wir geklatscht hatten und wovon sie mit bewunderungswürdiger Schnelligkeit fast jeden Augenblick unterrichtet waren«. (Droysen, Briefwechsel I, S. 91).

Eine Identifizierung der einzelnen Personen fällt schwer, weil die Darstellung, wie Fannys Brief beweist, mit vielen Symbolen, Anspielungen auf interne Vorlieben und Vorkommnisse, verbunden ist, deren Bedeutung aus den Quellen kaum rekonstruiert werden kann. Auch ist natürlich nicht jedes Mitglied des Mendelssohnschen Freundeskreises in die biographische Literatur eingegangen. Dennoch können die Angaben, die die familiengeschichtlich versierte Erbin und Nachlaßverwalterin Dr. Cécile Lowenthal-Hensel zur Identifizierung der Abgebildeten macht, in einigen Punkten präzi-

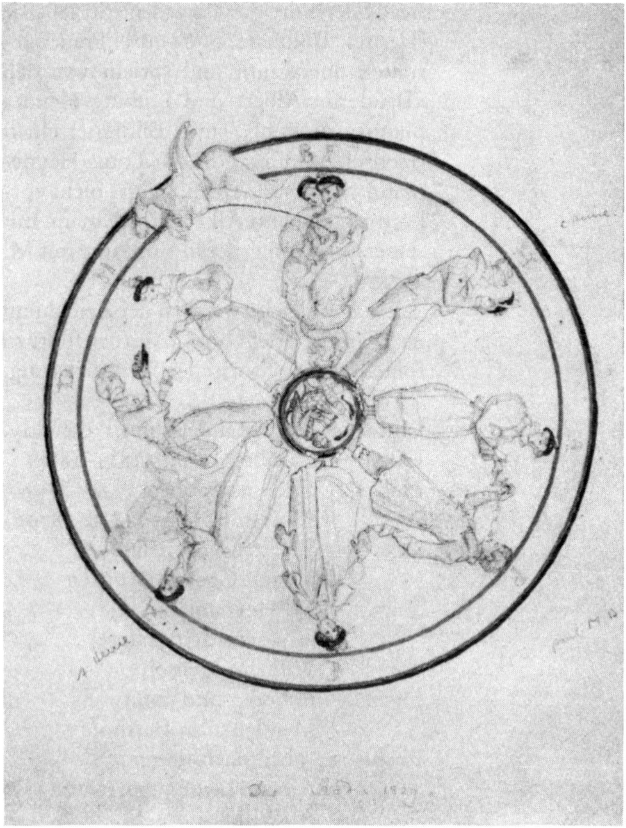

›Das Rad‹, Zeichnung von Wilhelm Hensel

siert oder korrigiert werden. So läßt sie (Hensel, Bildnisse, S. 15) drei Frauengestalten unerwähnt und spricht von den »Brüdern« Albert und Ludwig Heydemann, obwohl laut Bildunterschrift (Hensel, Bildnisse, S. 68) Louis Heydemann auf dieser Zeichnung gar nicht vorkommt, sondern Albert Heydemann mit seiner Schwester, deren Vorname mit M. beginnt.

Ein Vergleich zwischen der Zeichnung und Fannys Brief vom 15. 8. 1829 führt zu folgender provisorischer Identifizierung:

Mitte – Felix Mendelssohn Bartholdy.
Unten – Caroline Heine (1811–1888)
Links, v. unten nach oben
– Albertine Heine (1814–1879)
– Schatten von Felix
– Johann Gustav Droysen
– M. Heydemann (»Nasens Schwester«)
– Wilhelm Hensel
Oben – Rebecka und Fanny Mendelssohn Bartholdy
Rechts, v. oben nach unten
– Albert Heydemann (1808–1877)
– A. Wilmsen
– Paul Mendelssohn Bartholdy.

aber doch ein Oberlehrer ins Wasser fiel: Anspielung auf Brief vom 22. 7. 1829, in dem Fanny schildert, wie Droysen während eines Ausflugs der »Radgesellschaft« ins Wasser fiel.

Florenz. Aquarell von Felix Mendelssohn, 1830

15. An Felix in Llangollen

Berlin, den 21sten August ⟨18⟩29

Ich will mich eben hinsetzen, um einen Brief zu schreiben, einen andern Brief, aber ich kann den Tag nicht anfangen, ohne die Antwort. Felix, Bruder, Engel, was soll ich Dir sagen? Noch ist nichts überlegt, nichts besprochen, aber Beckchen hat mir Deinen Brief vorgelesen, u. ich bin froh, Dir sagen zu können, daß ichs mit Hensel schon lange so ausgemacht, wie Dus geschrieben. Noch weiß ich nicht recht, wie? aber es soll, es muß werden. An mir liegt es, mir hat Hensel die Entscheidung anheim gestellt, was mich zurückhielt, war eines Theils die Sorge um einen zu langen Aufenthalt, andererseits Beckchen, die ich mich nicht entschließen konnte, so zurückzulassen, denn ich bin ihr Vicefelix, das hör ich gerne, u. es macht mich froh, nun für diese Sorge beruf ich mich auf Dich, u. die andere – ich weiß nicht, es war heut Alles so hell u. klar vor den Augen, als ob es gar keine Schwierigkeit in der Welt gäbe. Was Du Beckchen Liebes geschrieben, davon nehm' ich mir meine Hälfte, wie ich sie ihr auch immer gegeben habe. Denn wir sind u. bleiben die Geren, u. bist der Clown, u. wenn Du je aufhörst, Dich zwischen uns auf den Sopha zu setzen!
Zwischen uns, hörst Du? Aber das wird nicht aufhören, denk ich, u. wir werdens einmal in einer andern Zone probieren. Denn Hensel u. ich wir habens so ausgemalt: Wenn wir Alle zusammen bis Neapel gereist sind, u. die Eltern dann Furcht haben vor der Seereise, so steigen wir Vier ins Schiff, u. fahren nach Sicilien, u. wenn wir uns die Sachen da angesehn haben, so steigen wir wieder ins Schiff, u. fahren nach Malta, u. wenns zu sehr heiß ist, u. sehr blau, u. einem die Orangen über den Kopf hängen, u. man bei heiterem Tage die weiße Küste von Africa sieht, so erzählst Du uns von Staffa u. den Hebriden. – Ich denke wir haben uns unser Leben gut

eingerichtet, u. wenn der liebe Gott ja sagt, u. Alles gelingen läßt, so können wir einige leidliche Jahre erleben. Und nun nach alle dem das ruhige Zusammenfinden in Berlin, wo wir, ich meine Du u. Hensel, von der Leipziger Straße aus ziemlich weit ausgreifen werden, es wird passabel seyn.

(...)

Den 25sten August.

Du kennst selbst aus Erfahrung so gewisse Knoten von Begebenheiten, Tage und Wochen, wo so viel zusammen kommt, daß man gern an Jedes allein denken möchte. So waren für mich die Tage, in denen Dein Brief ankam, es drängte und wälzte sich Alles über einander. Ein Theil ist nun schon aufgelöst, und das Andere geht langsam vorwärts. Mit der Bestimmung unsrer Hochzeit ist es noch, wie es war, das letzte Aufgebot am 20sten, da Vater noch in Hamburg, und die ganze Wohnung noch einzurichten ist, nebst Töpfen und Schüsseln, Dir Deine Lieblingsgerichte zu bereiten, so ist der Tag noch nicht genau zu bestimmen. Bestimme Du aber, o Felix, um was ich Dich gebeten habe. Ich habe meinen Orgelausgang schon ziemlich im Kopfe. G dur, Pedal fängt an. Ueberhaupt bin ich recht froh, zu der Ueberzeugung gelangt zu seyn, daß der *Braut*stand meiner Musik nicht geschadet hat. Habe ich nun erst ein gutes Stück im Ehestande gemacht, dann bin ich durch, und glaube an ein ferneres Fortschreiten. Aber, nicht wahr? Besseres wie die Lieder für Dich habe ich noch nicht gemacht, und das Stück von und für Hensel ist auch nicht übel. Was ich aber jetzt für große u. größte Rosinen im Kopf habe, das möchte ich Dir eigentlich gar nicht sagen, aus Furcht, bei Nummer 1 stecken zu bleiben – ei was, ich will es Dir erzählen, hör zu. Joh. Gust. Droysen sagte mir mal vor einiger Zeit, er fände es gar nicht übel, wenn die Lieder, die man so machte, einen gewissen innerlichen Zusammenhang hätten, so einen Faden, u. ob ich wol erlaubte, daß er so 'nen Faden suchte, u. da Lieder dran aufzöge. Ich erlaubte. Da kam er wieder nach einiger Zeit u.

frug, ob mir die Sage von Loreley gefiele. Ich genehmigte, da brachte er mir seinen Plan. Aber das Ding war zu undramatisch für ein Stück, zu dramatisirt für eine Sage, kurz nicht recht Fisch u. Fleisch. Zu gleicher Zeit da ich sah, daß es ernst, u. groß wurde, wünschte ich doch sehr, daß mein zukünftiger Eheherr Theil an der Arbeit nähme, u. so versprach mir dieser auf mein Bitten, einen 2ten Theil zu schreiben, wenn Droysen seinen ersten dramatischer machen könne. Kurz, die Sache wuchs u. dehnte sich aus, bis ich nun ein großes Stück in drei Theilen vor mir habe, das heißt, den Entwurf dazu, an dem wir noch immer herum schustern u. schneidern, u. ihn Droysen in den nächsten Tagen zu überliefern denken. – (...) – Und nun laß mich noch einen Augenblick mich freuen, über heut und morgen. Hensel wird mir jeden Tag lieber, und dem Himmel sey dank, ich glaube, daß er immer glücklicher wird. Und wenn er nun zurückkommt aus den Niederlanden, da wollen wir Familie ein sehr nettes Leben führen. Du bringst viel Neues mit, findest viel Neues vor, u. ich stehe Dir dafür, die Zeit soll uns nicht lang werden. Hör mal, Deine Herbriden sind passabel, und die beiden Geigen sagen nicht umsonst so lange fis. Mir wurde seltsam dabei zu Muthe, wie Dir. Adieu Felix, nun bekömmt Hensel den Brief. Wir sind die Alten noch geblieben.

Kommentar zu Brief 15

Deinen Brief vorgelesen: Brief von Felix an Rebecka, Glasgow, d. 10. 8. 1829 (Hensel, Familie I, S. 325ff.) – Felix entwickelt in diesem Brief den Plan einer Italienreise, an der die ganze Familie teilnehmen sollte.

Staffa: Carl Klingemann und Felix Mendelssohn waren am 7. 8. 1829 über Staffa zur

Fingalshöhle gekommen. Felix entwarf dort die ersten Skizzen zu seiner berühmten Fingalshöhlen-Ouvertüre (»Die Hebriden«, op. 26). (Vgl. Werner, Mendelssohn, S. 183).

Du kennst selbst aus Erfahrung: Felix hatte Fanny am 11. 8. 1829 einen etwas verärgert klingenden Brief (Depos, Berlin 3) geschrieben: sie hatte ihn um Rat wegen der musikalischen Ausgestaltung ihrer Trauung gebeten, ohne ihm ein genaues Datum zu nennen. Fannys hier wiedergegebene Antwort ist der Versuch, den Frieden wiederherzustellen.

Besseres wie die Lieder für Dich: Hensel (Familie I, S. 295) bringt einen auf den 25. 8. 1829 datierten Brief Felix' (an den Vater) aus Llangollen, in dem es über die Lieder heißt: »Diese Lieder aber sind schöner, als gesagt werden kann. Ich spreche bei Gott als kalter Beobachter und finde sie sehr hübsch. Aber es gibt doch wirklich Musik, die ist, als ob die Quintessenz aus der Musik genommen wäre, als ob es die Seele von der Musik wäre. So die Lieder. O Jesus! Besseres kenne ich nicht.« (Vgl. auch Elvers, Briefe, S. 91).

wenn die Lieder, die man so machte: Das Liederspiel, dessen Konzept Fanny im folgenden entwickelt, konnte in keinem der bisher existierenden Werkverzeichnisse nachgewiesen werden. Ein die Jahre 1826 – 1832 umfassender Sammelband mit 38 Liedern, u. a. auf Texte von Hensel und Droysen, der diese Komposition möglicherweise enthalten könnte, befindet sich in deutschem Privatbesitz. (Elvers, Weitere Quellen.) Erwähnenswert ist, daß Felix in seinen letzten Lebensjahren ebenfalls ein Opernfragment »Die Loreley« schrieb, dessen Text allerdings von Geibel stammt.

16. An Felix in London

Berlin, d. 3. 10. 1829.

Mein liebster Felix! heut ist der dritte Oktober und mein Hochzeittag; und meine erste Freude an diesem Tage, daß ich die ruhige Viertelstunde finde, die ich mir längst wünschte, um gerade heut an Dich zu schreiben, und Dir Alles noch einmal zu sagen, was Du längst weißt. Ich bin ganz ruhig, lieber Felix, und Dein Bild steht neben mir, aber indem ich Deinen Namen niederschreibe, und Du mir dabei so ganz vor leiblichen Augen stehst, weine ich, wie Du mit dem Magen, aber ich weine. Ich habe zwar immer gewußt, daß nichts kommen könnte, daß ich nichts Neues lernen würde, was Dich auch nur für den zehnten Theil eines Augenblick aus meinem Gedächtniß entfernen könnte, ich freue mich aber, es nun erlebt zu haben, und ich werde Dir morgen, und in jedem Moment meines Lebens dasselbe wiederholen können, und glaube nicht, Hensel damit Unrecht zu thun. Und daß Du mich so liebst, das hat mir einen großen innern Werth gegeben, und ich werde nie aufhören, sehr viel auf mich zu halten, so lange Du mich so liebst. Sechs Wochen noch, und ich denke, Du wirst zufrieden seyn, wie Du die Sachen findest, es hat alle Anlage, sehr niedlich zu werden, und wenn Du es gesehn haben wirst, werde ich erst wissen, ob es überhaupt was taugt, denn so wie meine Stube gestern lebendig wurde, als Bilder hineinkamen, (die Skizze Deines Bildes hängt über meinem Schreibtisch) so werden die Bilder lebendig werden, wenn Du hineinkömmst, und Dich auf dem blauen Sopha (...) wälzest, u. Dich sehr kannibalisch wohl fühlst.

Die Scene mußt Du wissen, ich am Schreibtisch, wo es sehr bunt aussieht, und wo Dinte und eau de Cologne in holder Eintracht leben, Beckchen am Fenster, Blumensträußchen für meine Kronenmädchen verfertigend, denn

Du weißt doch, daß ich Blumen vertheile, daß in dreien Sträußen sich Myrthe befindet, und daß die Inhaberinnen der Myrthe die nächsten Bräute sind. Das Wetter ist schön, und alle kleinen Zufälligkeiten sind bis hieher gut gelungen. Gestern hatte ich einen sehr hübschen Tag, Vormittags war eine Zusammenkunft mit Grell in der Parochialkirche verabredet, wo er mir mein Stück vorspielte, ich war zum letzten mal auf der Orgel gewesen, als Du darauf spieltest, und amüsirte mich, das Stück klang gut, und ich hatte die äußerste Lust, Orgel zu spielen, was aber doch, Zeitmangels wegen, unterbleiben mußte, der Rest des Tages verging mit Laufereien, ich mußte mit Hensels Schwester deren ganze Toilette besorgen, Besuche, Geschenke annehmen, Hensels Sachen einräumen, etc. Um 8 war die Familie zum Thee und stillen Polterabend versammelt, Louis Heydemann kam noch dazu, und verdarb nichts, als Ausgangsstück hatte Vater die Pastorella vorgeschlagen, ich konnte sie aber nicht mehr auftreiben, und Grell kannte sie nicht, da meinte Hensel um 9, ich sollte mir doch noch selbst eins machen, und ich hatte die Unverschämtheit noch anzufangen, in Gegenwart sämmtlicher Zeugen, und bin um ½ 1 fertig damit geworden, und ich glaube, es ist nicht schlecht. (. . .) Es geht aus g dur, das Thema wußte ich schon, weil ich, ehe Du eins zu schicken versprachst, mir schon eins ausgesonnen hatte, aber die Ausführung ist ganz von gestern.

Nun fängt es an, bunt um mich her zu werden, es ist bald 11, um eins fängt meine Krone an, nach 3 die Trauung. Ich denke fort an Dich, so ruhig wie sonst, Hensel, der eben hier war, läßt Dir Manches sagen, und ich bin über Alles ruhig, weil ich weiß, daß er Dich liebt.

(. . .)

Daß Du heut frisch und munter und vergnügt bist, leidet bei mir keinen Zweifel, wie könnte ichs sonst seyn? Nun leb wohl, und bleibe der Alte, hier findest Du Alles beim Alten, auch das Neue. Zum Letztenmal
Fanny Mendelssohn Bartholdy.

Beckchen grüßt tausend mal, sie hat eine schlimme Nase, und einen sehr grotesken Schmerz darüber. Eben kommt mein Kranz, und ist wunderschön, sehr dick, und sehr frisch und grün, und viele viele Blüthen. Beckchen hat ihn mir geschenkt.

Kommentar zu Brief 16

Grell:	August Eduard Grell (1800–1886), deutscher Organist und Komponist.
Parochialkirche:	Protestantische Kirche in Berlin, Klosterstraße. Erbaut 1695–1705.
mein Stück vorspielte:	Praeludium für die Orgel zum 3ten Oktober 1829, F-Dur. Autograph vom 28. 9. 1829 in der Library of Congress, Washington.
Hensels Schwester:	Wilhelmine (Minna) Hensel (1802–1893).
Louis Heydemann:	Louis Heydemann (1805–1874), Berliner Jurist.
es geht aus g dur:	Präludium in G-Dur. Privatbesitz. (Elvers, Weitere Quellen.)

17. An Felix in London

Berlin, den 9ten Oktober ⟨18⟩29.

Mein einziger Felix! So weit bin ich, und nun möchte ich eigentlich aufhören, denn ich habe Dir nichts mehr zu sagen. Ich wollte Dir nur gern einmal mein Herz ausschütten, und das kann ich mit Dir in einem Wort. Ich bin glücklich und zufrieden, und Dein Brief war so lieb, o Du mein Felix, daß ich gar nicht ohne besondere Empfindung daran denken kann. Aber daß Du an meinem Hochzeittage krank und matt warst! Ich schrieb es Dir, ich war so fest vom Gegentheil überzeugt, daß ich ohne einen Schatten von Besorgniß oder Kummer meinen Weg antrat, und mir immer vorstellte, wie Du den Tag mit Klingemann etwa auf dem Lande zubrächtest, oder die 6 Lieder sängest, wie Deine lieben Augen glänzten, so ein wenig feucht, u. Du den Kopf wiegend zuweilen so vor Dich hin sagtest: hm! hm! Das war nun Alles nicht, ich war zu ruhig, und Du hast nun ewig kein Bild von dem Tage. Aber ein Anderes ist gut, daß Du früher wiederkommen willst. Du findest statt drei Geschwistern, die Dich lieben, vier, und das ist am Ende der ganze Unterschied. Hensel, der Dich noch selbst grüßen wird, läßt Dir sagen, und ich habe nichts dawider, daß Du uns in Antwort auf diesen Brief das schriftliche Versprechen geben mußt, Morgens bei uns Kaffee zu trinken, wenn Du nicht besonders eilig und verhindert bist. Willst Du? Unsre Kaffeemaschine geht gut, u. wir wollen da angenehme Stunden haben. So gering nur eine Veränderung seyn kann, ist die meines Standes. Ich bin im Hause, u. die mündliche Post geht fleißig über den Hof. Beckchen kommt wenigstens 4mal des Tages, u. ich komme auch 4mal, Mutter etwas seltener, u. bis gestern haben wir drüben gegessen, gestern aber unsre eigene Wirthschaft angetreten, was ein eigen angenehmes Gefühl ist. Hensel arbeitete bis es finster ward, u. nach 5 setzten wir uns tête à tête in seiner Stube zu Tisch. Heut arbeitet er wieder an dem Bilde der Arnim, in deren Kleidern seine Schwester Minna sitzt. Ich bin in meiner freundlichen blauen Stube, die Dir schon gefallen wird, überschaue mit Behaglichkeit meine Existenz, in der ich mich gar wohl fühle, liebe meinen Mann, u. spreche mit meinem Felix. Wenn ich aber daran denke, daß wir Dich hoffentlich vor 4 Wochen wiederhaben, wird mir von Neuem froh und dankbar zu Muthe. Nach einigen Stunden der Unterbrechung fahre ich fort, und möchte Dir von unsrer Lebensweise erzählen, wenn die nur schon eine wäre, aber seit unsrer Verheirathung sind wir vor Besuchen wirklich zu keiner Einrichtung gekommen. Unsre Eßstunde ist englisch, 5, u. ich will einmal sehen, ob irgend eine pie gelingen, u. Dir sehnsüchtige Gedanken an die Miß erwekken wird, die Dich einst damit fütterte. O Felix, bringe ein Rezept zu einer ächten englischen pie mit, ich will Dich mit Erinnerungen stopfen. Ich glaube, Du wirst mich nicht verändert finden, ich habe mir das, was mein veränderter Stand Neues mit sich bringt, rasch angeeignet, fühle mich bekannt u. wohl darin, sehe Hensel überaus zufrieden mit mir, bin es eben so mit ihm, u. er liebt Dich, Felix, sonst könnte er mich, u. ich ihn nicht lieben.

(...)

Kommentar zu Brief 17

krank und matt warst:	Felix hatte im September einen Wagenunfall gehabt und war längere Zeit bettlägerig.
Bilde der Arnim:	Lt. Brief vom 11. 10. 1829 (GBO, FB) handelt es sich nicht um Bettina, sondern um »Gräfin Arnim, geb. Heiter« (»... an den Wänden hängen die Durchzeichnungen der Transfiguration, die sie fast ganz

bedecken, auf der Erde stehn Gans, Ludwig und die Gräfin Arnim, geb. Heiter ...«) Bei Hensel, Bildnisse, werden nur seine Porträt*zeichnungen* von weiblichen Mitgliedern der Familie Arnim erwähnt, im »Allgemeinen Bildniskatalog« von Hans Wolfgang Singer desgleichen. Es ist jedoch ohne Zweifel von einem gemalten Bild die Rede, denn im Familienbrief vom 28. 9. 1829 (GBO, FB) schreibt Fanny:

»(...) Hensel, der jetzt den ganzen Tag angestrengt malt, um das Bild der Gräfin Arnim noch in diesen Tagen zu vollenden.« – Offenbar hatte die Porträtierte im September 1829 einen Grafen Arnim geheiratet, denn noch am 31. 8. 1829 (GBO, FB) schreibt Fanny: »Hensel hat Frl. v. Heiter angefangen zu malen, (...) im Hofkleide u. großer Pracht. Jetzt hat er eine Gliederpuppe mit ihren Kleidern angezogen, u. führt sie danach aus, u. ärgert sich, daß das Ding so schrecklich ruhig sitzt (...).« Das Bildnis ist in keinem der Henselschen Werkverzeichnisse nachweisbar.

Die Briefe an den Bruder
III Nach Leipzig, München und Düsseldorf

(1830–1835)

»Ein Weib, wann sie gebieret, so hat sie Traurigkeit, denn ihre Stunde ist gekommen, wenn aber das Kind geboren ist, denkt sie nicht mehr an die Angst um der Freude willen, daß der Mensch zur Welt geboren ist.«

Rezitativ aus Fanny Hensels Kantate »Lobgesang« von 1831 (Johannes 16, 21).

Sebastian Hensel, Zeichnung von Wilhelm Hensel, 14. November 1831

Zeittafel

1830 März: Fanny spürt die ersten Bewegungen ihres Kindes.
Mai: Felix begibt sich auf seine zweite große Kavalierstour mit dem Ziel Italien.
24. Mai: Fanny muß sich wegen einer drohenden Frühgeburt zu Bett legen.
16. Juni: Geburt des Sohnes Sebastian.
2. Mai – 29. Juli: Nach Erlaß der Juliordonnanzen durch König Karl X. kommt es in Paris zur Julirevolution.
29. November: Aufstand in Warschau gegen Eingriffe Rußlands in die polnische Verfassung.
Beginn der Eroberung Algeriens durch Frankreich.

1831 Niederschlagung des Aufstandes in Polen.
Paul Mendelssohn Bartholdy verläßt das Elternhaus und geht nach London zu B.A. Goldschmidt u. Co.
Juni: Fanny vollendet die Kantate »Lobgesang«.
Oktober: Die Kantate »Hiob« wird beendet.
November: Das Oratorium nach Worten der Bibel wird beendet.
Rebecka Mendelssohn Bartholdy verlobt sich mit dem Mathematiker Peter Lejeune Dirichlet.
28. Dezember: Felix übt harte Kritik am Oratorium »Lobgesang«.

1832 Januar: Die dramatische Szene »Hero und Leander« wird beendet.
22. März: Tod Goethes in Weimar.

Mai: Rebecka heiratet Peter Lejeune Dirichlet.
15. Mai: Tod Zelters in Berlin.
27.–30. Mai: Ca. 30000 Menschen demonstrieren vor dem Hambacher Schloß für die Einheit und Freiheit Deutschlands.
Juni: Sebastian Hensel spricht die ersten Sätze.
10. August: Tod der mit Fanny befreundeten Dichterin Friederike Robert in Baden-Baden.
Sommer: Rückkehr Felix' nach Berlin.
Herbst: Fanny erleidet eine Fehlgeburt.

1833 Paul Mendelssohn Bartholdy tritt als Angestellter in das Bankhaus Mendelssohn und Comp. ein.
22. Januar: Felix' Bewerbung um die Direktion der Berliner Singakademie scheitert an antisemitischen Ressentiments.
7. März: Tod der mit Fanny befreundeten Rahel Varnhagen in Berlin.
20. Mai: Felix wird Städtischer Musikdirektor in Düsseldorf.

1834 1. Januar: Fast alle deutschen Länder schließen sich dem von Preußen gegründeten Deutschen Zollverein an.
März: Fanny komponiert drei Lieder für Mary Alexander auf eine englische Übersetzung von Heines »Heimkehr«.
Frühjahr: Komposition einer Orchesterouvertüre C-Dur.
Sommer: Arbeit am ersten Streichquartett.

1835 27. Mai: Paul Mendelssohn Bartholdy heiratet Albertine Heine.
Juni: Die Familie fährt nach Köln zum Niederrheinischen Musikfest, wo Fanny in den von Felix geleiteten Konzerten als Choristin mitwirkt.
Hensels reisen nach Paris.
Juli: Hensels erleben den Anschlag des Korsen Fieschi auf König Louis-Philippe.

18. An Felix in Leipzig

⟨*Mai 1830*⟩

Und ich bin nichts als ein gefesselt Weib!

Das im Bette liegt, sich aber außerdem den Umständen nach, ganz wohlbefindet, Dir dies auch (...) selbst zu Gemüthe führen will. Dein Brief aus Weimar, Du Sonntagskind, hat uns sehr erfreut (...) Ich versammle hier sehr angenehme cercles um mich, u. da, seit dem Tage, wo ich liege, das Wetter schlecht geworden ist, habe ich auch an der schönen Natur nichts zu verlieren, die jetzt eher eine häßliche ist. Aber der Dr. Stosch hat sich so gegen mich benommen, daß man mich mit Verachtung ansehn müßte, wenn ich nicht dankbar dafür wäre. (Zum Theil aus Opern) Lebe nun wohl, o Balg, u. laß Dir die Welt gefallen, sie ist dazu gemacht.

Kommentar zu Brief 18

Dr. Stosch:	August Wilhelm von Stosch, Hausarzt der Familien Hensel und Mendelssohn in Berlin.
daß man mich mit Verachtung ansehn müßte:	Anspielung auf Mozarts Oper »Die Entführung aus dem Serail« (Nr. 21, Vaudeville: Wer so viel Huld vergessen kann, den seh' man mit Verachtung an).

19. An Felix in München

⟨Juli 1830⟩

Da ich auf ehrliche Weise erfahre, daß ich auf unehrliche Weise um meinen schlechten Witz gekommen, so fasse ich mir ein Herz, u. mache ihn nicht. Weißt Du noch, wie wir Dich sonst Grelix nannten? Eben sprach ich viel mit Beckchen von der Kabuse, in der Du sonst zwischen uns auf dem Sopha saßest, aber jetzt hoffe ich, wälzest Du Dich in Marxi Armen; übrigens bin ich im Vorderhause eingeregnet, u. schreibe an Beckchens Secretair in der Gansischen Mappe, Mann u. Kind schreien nach mir, aber Ersterer ist nicht zu Hause, u. Letzteres schreit wol wahrscheinlich, aber nicht nach mir. Diese drei Tage hindurch hat sichs das kleine Brätchen in der Sonne sehr wohl seyn lassen, u. rothe Bäckchen erlangt, heut ists wieder in die Stube gebannt, aber ich bade es jetzt selbst, u. nehme mich dabei sehr mütterlich aus. Mein lieber Felix, ich werde Dir nächstens in einem Privatbriefe auch Manches vortragen, aber nichts Neues, denn das ist, nach mir u. Klingemann, das Alte, sondern eben das Alte. Einstweilen bin ich wieder eine Frischkartoffeln essende, Abends im Freien bleibende, überhaupt genußfähige u. genießende Person, u. mein Kleiner wird alle Tage größer. Komponirt habe ich noch nicht, als ichs nicht durfte, hatte ich Ideen genug, jetzt wird wohl wieder die bekannte Dürre eintreten, die ich dem Wetter alle weg nehme. Da Vater reiste, ist es sehr schade, daß er nicht einige Tage früher gereist ist, um die Nachricht der Einnahme von Algier in Paris zu haben, die Sensation muß groß gewesen seyn. – Die Desertion kann übrigens beim Africanischen Heere nicht stärker seyn, als jetzt in Berlin, keine Seele ist hier, u. in dem Augenblick desertire ich auch vom Schreibtisch, um die Eier zu essen, die mir Beckchen hat machen lassen. – So, nun ists geschehn, u. eine schöne Geschichte, es regnet Keulen, u. ich kann vielleicht den ganzen Tag nicht wieder zu Haus, Hensel war eben hier, u. hat einen gewaltigen Spektakel gemacht, o weh, ich habe Schelte gekriegt. (...) Sebastian wollte eben eigenhändig grüßen, aber der dumme Junge kann noch nicht seinen Namen schreiben, er hat sich bespuckt, u. es ging nicht. Wer ihn tauft? Wilmsen. Wer ihn hält? Beckchen. Wann? Um die Mitte Augusts. Wer Dich repräsentiren soll? Ich habe vorgeschlagen Zelter, hast Du was dagegen? Was wir aber essen werden, darüber kann ich noch nicht hinlängliche Rechenschaft ablegen, da die Tageszeit noch nicht ganz bestimmt ist. Du sollst aber jede Semmel erfahren. (...) Lebe wohl, mein liebes Lamm, ehe Du Dichs versiehst, sind wir da, in Lebensgröße. Ich habe Dich sehr lieb, darum möchte ich wol, wir könnten Beckchen mitbringen. Hensel grüßt u. ich bin u. bleibe F.

Schreibe nur bald, u. sage mir, daß Du unsre Reise nicht für eine Thorheit hältst, (...) das ist mir noch nöthig, um mich recht zu freuen.

Kommentar zu Brief 19

Kabuse: niederdeutsch für: enge Kammer, Alkoven.

in Marxi Armen: Adolf Bernhard Marx war mit Felix in München zusammengetroffen und hatte Fanny darüber einen Brief geschrieben (vgl. Hensel, Familie I, S. 349 ff.)

Gansischen Mappe: Eduard Gans (1798–1839), Rechtsphilosoph und Historiker, Freund der Familie Mendelssohn in Berlin.

Da Vater reiste: Abraham befand sich zu dieser Zeit in Paris und geriet dort mitten in die Wirren der Julirevolution (27. – 29. Juli 1830), einer Erhebung von Bürgertum und Arbeiterschaft gegen die reaktionäre Politik Ministerpräsident Jules Polignacs. König Karl X. dankte ab. Das Großbürgertum proklamierte den liberalen Louis Philippe zum König der Franzosen. Paris wurde zum Sammelpunkt von politisch Verfolgten aus ganz Europa. In seinen Berichten an Lea (Hensel, Familie I, S. 344. 349) gab Abraham ein genaues Bild der politischen Verhältnisse.

Einnahme von Algier: Eroberung Algeriens durch Frankreich (bis 1834).

Wer Dich repräsentiren soll? Vgl. Felix' Brief an Fanny vom 23. 6. 1830 (Elvers, Briefe, S. 112): »Vergeßt auch nicht, bei der Taufe einen Rüpel zu haben, der mich repräsentirt, als ob ich dabei wäre; dazu nehmt aber irgend jemand, der mich lieb hat, und den ich.«

sind wir da: Hensels hatten nach Sebastians Geburt den Plan einer Italienreise erneut aufgegriffen.

20. An Felix in Düsseldorf

Berlin, 2ten November ⟨18⟩33.

Liebes Felixchen, was lange währt, wird gut, davon ist Dein prächtiger Brief wieder ein starker Beweis, der uns unendlich erfreut hat. Ich muß ihn auswendig beantworten, da Mutter ihn drüben hat, u. fange also an bei Deiner verlangten Uebersetzung. Sollte nicht Folgendes dem Original so ziemlich entsprechen:
der Liebe Heil
doch Kunst errang den Preis
oder: gewann den Kranz
oder: gewinne den Preis
oder: errang den Sieg etc. Mir scheint aber die erste Lesart vorzuziehen, denn Kunst u. Kranz ist hart, u. Sieg nicht so gut zu singen, als Preis. Urtheile selbst. – Euren Dichter Immermann haben wir einstweilen hier gehabt, u. ihn viel freundlicher gefunden, als seinen Ruf in der Hinsicht. Aber, daß er Dir eine gute Oper machen wird, glaube ich nimmermehr, dazu hat er einen viel zu fest verschlossenen Mund, u. viel zu viel Reflexion. Er spricht aber sehr gut. Erst war er an einem Abend bei Mutter, wo, wie wir dann aus machten, die Höhen der Bildung Deutschlands versammelt waren, Steffens, Gans, Rosen, Mühlenfels, Heyse, Devrient und Immermann als Mittelpunkt, um den sie alle hertanzten. Wie unglücklich Gans sich in solchen Fällen fühlt, weißt Du. Er kam Hensel sehr freundlich entgegen, u. bat ihn besuchen zu dürfen, u. da sich dazu keine andre Zeit fand, kam er anderntags zur Musik, wo er während des ersten Stücks das Attelier besah, u. sich sehr zufrieden äußerte, während der übrigen Musik aber sich von Devrient u. Steffens unterhalten ließ. Dann aß er bei den Eltern mit uns en famille, da wir ihn auch gern einmal wollten sprechen hören, u. da sprach er viel u. sichtlich gern, sehr gut. Sebastian war auch bei Tisch, u.

als das Gespräch auf den vorjährigen Musenalmanach kam, u. Rebecka auf Immermanns Veranlassung Heynes Epigramm sagte, welches schliesst: u. ein Gedicht ausgespuckt, fing Seb. böse an: Hör mal Mutter! Ein Gedicht spuckt man ja nicht aus, ein Gedicht erzählt man. Das gefiel I. sehr, der sich überhaupt mit Seb. einließ. (...) Heut Abend sind wir zu Leuten gebeten, da würde Herr Felix nicht wenig die Cour machen. Eine 15jährige Tochter, wunderhübsch, noch so kindisch, daß sie mit der Puppe spielt, dabei soll sie sehr gut singen, kurz ein Engelchen, heißt Rosa. (...) Gestern hatte Seb. ein Herrendiner, das hätte ich Dir zu sehn gewünscht. Komischeres hab ich nicht gesehn. Die kleinen Heysens aßen hier, u. ich hatte für die Kinder ein kleines Tischchen gedeckt. Nun wurden sie lustig u. Paul Heyse, der sich wirklich *befressen* hatte, fing an, auf die Melodie des Mantelliedes zu singen: ich habe so viel gefressen. Darauf Sebastian: lebe hoch! hob sein Glas auf, u. sie stießen an, u. spielten einen förmlichen Commersch. Sebastian grüßt, auch Wilhelm u. Luise. Leb nun zum 2tenmal wohl.

Kommentar zu Brief 20

verlangten Uebersetzung: vgl. Felix' Brief an Rebecka vom 26. 10. 1833 (Paul Mendelssohn Bartholdy, Briefe II, S. 6 ff.):
»Wie übersetzt man in demselben Versmaße: ›so love was crown'd, but music won the cause‹. Ramler sagt mit rechter Uebersetzervornehmheit: ›Heil Liebe Dir, der Tonkunst Ehr' und Dank‹, was durchaus keinen Sinn hat und nichts weniger als eine Uebersetzung ist; es soll den ersten Theil der Ode beschließen und macht die ganze Sache confus, denn auf das *won* kommt's gerade an.« – Felix

bezieht sich hier auf Händels »Alexanderfest« nach J. Drydens Cäcilienode. Er wollte das Werk am 22. 11. 1833 in Düsseldorf aufführen. Die gebräuchliche Übersetzung von Karl Wilhelm Ramler (1725–1798) war ihm hier nicht genau genug.

Immermann: Karl Leberecht Immermann (1796–1840), Dichter und Jurist aus preußischer Beamtenfamilie, seit 1827 Landgerichtsrat in Düsseldorf. Gründete dort 1832 einen Theaterverein. Felix beabsichtigte, Immermanns Version von Shakespeares »Sturm« für eine Oper zu verwenden, ein Vorhaben, das auf den Widerstand seines Vaters stieß, der von Immermann als Dramatiker oder gar Librettisten nicht viel hielt. Eine ähnliche Skepsis scheint auch aus Fannys Urteil herauszuklingen. Schon 1832 stellte sich heraus, daß Immermanns Opernfassung tatsächlich untauglich war, und Felix hatte die unangenehme Aufgabe, dem Dichter sein Werk zurückzuschicken. Während seiner Amtszeit als Musikdirektor in Düsseldorf hatte Felix unerfreuliche Kompetenzkonflikte mit Immermann, die schließlich zum offenen Bruch führten. Der Friede wurde bis zu Immermanns Tod (1840) nicht wiederhergestellt.

Steffens: Heinrich Steffens (1773–1845), Naturforscher, Dichter und Philosoph, seit 1833 Rektor der Berliner Universität.

Mühlenfels: Ludwig von Mühlenfels (1793–1861), deutscher Jurist, enger Freund von Felix.

Heyse: Karl Wilhelm Ludwig Heyse (1797–B1855), Philologe, Hauslehrer der Geschwister.

Devrient: Eduard Devrient (1801–1877), Sänger, Schauspieler und Dramaturg. Bemühte sich gemeinsam mit Felix um die Wiederaufführung der Matthäus-Passion, in der er die Partie des Christus sang.

Heynes Epigramm: Das Gespräch war wohl auf den »Berliner Musenalmanach für 1830« und auf Heine (vgl. Düsseldorfer Heine-Ausgabe Bd. II, S. 151 f.) gekommen. Ein Epigramm im oder über den Musenalmanach von 1832 kann, obwohl es der Text zunächst nahelegt, nicht gemeint sein, da 1832 kein Musenalmanach erschienen war. Das Erscheinen wurde mit der Ausgabe von 1831 eingestellt. Die Beteiligung Immermanns am Gespräch legt aber nahe, daß das 2. Xenion aus Heines »Norderney« (1826) von Rebecka rezitiert und von Fanny nicht ganz wörtlich, aber sinngemäß richtig im Brief wiedergegeben wurde. Heine schrieb als Vorbemerkung zu den Xenien:

»Da ich selbst mich späterhin über dieses Thema, über deutsche Literaturmisere, verbreiten will, so liefere ich einen heitern Ersatz durch das Einschalten der folgenden Xenien, die aus der Feder Immermanns, meines hohen Mitstrebenden, geflossen sind, und die mir derselbe jüngsthin geschenkt hat. Die Gleichgesinnten danken mir gewiß für die Mittheilung dieser Verse, und bis auf wenige Ausnahmen, die ich mit Sternen bezeichne, will ich sie gern als meine eigne Gesinnung vertreten.«

Das zweite Xenion trägt den Titel »Oestliche Poeten« und lautet:

Groß' mérite ist es jetzo, nach Saadis Art zu girren,
Doch mir scheint's egal gepudelt, ob wir östlich, westlich irren.
Sonsten sang beim Mondenscheine, Nachtigall seu Philomele;
Wenn jetzt Bülbül flötet, scheint es mir denn doch dieselbe Kehle.
Alter Dichter, Du gemahnst mich, als wie Hamelns Rattenfänger;
Pfeifst nach Morgen, und es folgen all die lieben kleinen Sänger.
Aus Bequemlichkeit verehren sie die Kühe frommer Inden,
Daß sie den Olympus mögen nächst in jedem Kuhstall finden.
Von den Früchten, die sie aus dem Gartenhain von Schiras stehlen,
Essen sie zu viel, die Armen, und vomiren dann Ghaselen.

(zit. nach Düsseldorfer Heine-Ausgabe, Bd. VI, Reisebilder, II. Teil, S. 165 f.).

Vomiren ist gleichbedeutend mit »ausspucken, erbrechen«. Das Xenion ist eine Attacke auf die seit Goethes »West-östlichem Diwan« in Mode gekommene

orientalisierende Dichtung. August von Platen war überzeugt, Heine (bzw. Immermann) habe mit den »lieben kleinen Sängern« ihn und Friedrich Rückert gemeint.
Den Hinweis auf diese Deutungsmöglichkeit der Briefstelle verdanke ich Herrn Dr. Jan-Christoph Hauschild vom Heinrich-Heine-Institut in Düsseldorf.

Paul Heyse: Paul Heyse (1830–1914), Sohn von Karl Wilhelm Ludwig Heyse und seiner Frau Julie, geb. Saling, die eine Kusine von Lea Mendelssohn war. Paul Heyse wurde später als Novellist, Dramatiker und Kunsthistoriker bekannt.

Luise: Luise Hensel (1798–1876), Schwester Wilhelm Hensels, Dichterin religiöser und patriotischer Lyrik.

21. An Felix in Düsseldorf

⟨Berlin, den 22.-23. 11. 1833.⟩

Ich habe einen Versett aus der Messe der heiligen Cäcilia, von dem Dir Mutter wahrscheinlich ein Textblatt mitschickt, in 2 Tagen componirt, in solcher Eil, daß die Begleitungsstimme bis heut noch nicht aufgeschrieben ist. Das Ganze war als doppelte Ueberraschung eingerichtet, denn erst sah man die Decker, ohne, daß sie sang, dann sang sie einige Töne ungesehn, u. zuletzt sang sie als wirklich lebendes Bild, natürlich auswendig, was eine zauberisch schöne Wirkung gemacht haben soll. Soviel ist gewiß, daß sie so weit über ihr gewöhnliches Aussehn hin schön war, daß ich ihr nur eins an die Seite zu setzen weiß, u. das war Röschen Behrend als Engel, die wirklich ohne Uebertreibung himmlisch aussah, einen solchen lebendigen Engelskopf habe ich noch nie gesehn; u. es thut mir nur leid, daß Hensel jetzt keinen Engel zu malen hat, wer sie nur erst träfe, würde den schönsten möglichen Engel malen. Es jammert mich, daß Du sie dies Jahr nicht siehst, wer weiß ob sie übers Jahr noch so schön ist, dazu muß man eigentlich 15 Jahr seyn. Ueberhaupt hätte ich Dir mit Deinem bekannten Lämmersinn gewünscht dies Häufchen Schönheit zu sehn. Die Decker hatte sich ihr Kostüm nach dem der Rafaelschen Cäcilia machen lassen, u. auch ihr Haar so geordnet, was ihr wundervoll stand. Die Engel waren weiß, Röschen Behrend hatte einen Kopfputz aus eignen, hängenden hellblonden Haaren, die ihr in Fülle bis ans Knie hingen, dazu die feinsten regelmäßigen Züge, u. tiefe dunkle Augen. Flügel, Brillanten auf Stirn u. Schultern u. die vortheilhafte Beleuchtung verdarben auch nichts, – kurz – ich wollte Du wärst dabei gewesen, Du hättest Dich gewiß verliebt, u. irgend ein schönes Quartett gemacht, was uns dann zu Gute gekommen wäre. Clärchen Jacques, ein schönes 8jähriges, schwarzlockiges Kind, war auch kein übler Engel, u. die kleine Therese Thuerschmidt, obwohl lange nicht so schön als die beiden Andern, machte sich auch an ihrem Platz ganz gut. Daß die beiden größern Mädchen nach Art der älteren Bilderengel ihre Notenblätter in der Hand hielten, machte sich allerliebst. Uebrigens war die ganze Aufstellung ohne Hülfe eines einzigen Handwerkers nur durch Wilhelm u. seine Schüler geschehn, u. die schönste Orgel im Attelier fabrizirt worden. Nun will ich Dir sagen, daß ein Satz in der Musik ist, den ich für gut halte, u. nun lebe wohl, ich habe noch des arrangements zu machen, u. will dann ausgehn, der Steffens zu ihrem Geburtstage gratuliren. Dunque, addio.

(...)

Kommentar zu Brief 21

Messe der heiligen Cäcilia: Nach Elvers, Weitere: »Zum Fest der heiligen Cäcilia (›Beati immaculati‹). Für vierstimmigen gemischten Chor und Klavier, Deutschland, Privatbesitz.« Die vorliegende briefliche Beschreibung gibt allerdings keinen Anhaltspunkt dafür, daß es sich um einen *gemischten* Chor (mit Männerstimmen) handelte. Vielmehr ist eindeutig von einem Soloquartett für hohe Stimmen (Decker, Behrend, Jacques, Thuerschmidt) die Rede.

die Decker: Pauline Decker, geb. von Schätzel (1811–1882), Sängerin an der Königlichen Oper in Berlin.

lebendes Bild: Darstellung von Szenen aus der biblischen Geschichte, antiker Sage etc. durch lebende Personen. Seit dem Mittelalter belegt, in der ersten Hälfte des 19. Jahrhunderts in Deutschland sehr beliebt, heute noch fortlebend in den tableaux vivants »Folies bergère« in Frankreich.

der Steffens:	Heinrich Steffens (vgl. S. 113) war mit einer Tochter des Komponisten Johann Friedrich Reichardt verheiratet, deren Schwester Luise wie Fanny Komponistin war.
Therese Thuerschmidt:	Wohl Tochter oder Schwester einer Berliner Sängerin, die 1829 in der Matthäuspassion aufgetreten war (vgl. Hensel, Familie II, Register. Dort Schreibweise »Türrschmiedt«).

22. An Felix in Düsseldorf

Berlin, 1sten December ⟨18⟩33.

Es vergeht recht lange Zeit, ehe wir von dem Verlauf Deines Concerts etwas erfahren, liebster Felix, u. wir sind recht neugierig darauf. Deine Freundinn, die Zeitung läßt sich auch Zeit mit solchen Berichten, und so wissen wir noch nichts. Gestern war der Düsseldorfer Schrödter hier, den wir aber leider verfehlt haben, wahrscheinlich hat er Dich doch in letzter Zeit gesehn. (O weh, die gerühmte englische Dinte hat auch die Bleichsucht.) Wir haben, nachdem ich dankbar anerkennen muß, daß Alles, viele Monate lang, ganz glatt gegangen ist, wieder ein kleines Hauskreuz. Luise ist sehr unwohl, u. seit heute bettlägerig, u. mir ist zu Muthe, als würde es ein langwieriges Krankenlager werden. Gott verhüte es. Eigentlich habe ich heut angefangen Dir zu schreiben, um einmal mein Herz über den Zelterschen Briefwechsel auszuschütten, über den ich in einer fortwährenden stillen Empörung bin. Er wird uns freilich sehr löffelweis eingegeben, denn da Vater jetzt nicht Abends lesen kann, wird er drüben vorgelesen, u. da genießt man das Buch mehr als billig. Vater ist übrigens auch sehr unwillig darüber, u. es tritt hier der seltene Fall ein, daß wir Alle einstimmig derselben Meinung sind, und auch noch nicht einmal über eine einzelne Stelle gestritten haben. Es thut mir wirklich Zelters wegen leid, der sich selbst hier auf eine so schlechte Art auf die Nachwelt bringt. Goethes Ruf kann erstlich schon eher einen Puff vertragen, u. dann sind seine Briefe unendlich besser als Zelters, obwohl Beide durch diese Veröffentlichung nur verlieren können. Von Zelters Seite herrscht darin eine unangenehme fatale Gesinnung, die wir zwar immer bei ihm vermuthen konnten, die wir uns aber auch immer wegraisonnirt haben, hier ist sie aber unabweislich ausgesprochen. Eigennutz, Selbstsucht, eine ekelhafte Vergötterung Goethes, ohne eigentliche verständige Würdigung, die indiscreteste Blosstellung aller Andern, die zwar in einem vertraulichen Briefwechsel zu entschuldigen ist, aber die Bekanntmachung hätte unmöglich machen müssen, alles dies u. noch manches Andre macht mir dies Buch ordentlich verächtlich. Ein Beispiel unter Vielen von unglaublicher Unwissenheit findet sich auch darin, Zelter fragt Goethe, was Byzanz eigentlich ist, u. erhält von ihm die gewünschte Auskunft. Dazu korrespondirt man mit Goethe! die Leerheit der ganzen Sammlung übertrifft wahrhaftig jede Erwartung. Theatergeschwätz u. Klatschereien sind der einzige Inhalt, u. daß Goethe darauf auch nicht viel Gescheutes antworten kann, liegt im Tage. Pfui baba! Nun hat man hier noch die Freude, es natürlich von Jedem durch sprechen zu hören, der mit Recht beleidigt ist, sich ohne seine Zustimmung darin durchgehechelt zu finden, es giebt Leute, die ordentlich steckbriefmäßig drin geschildert sind. Und nun genug von diesem unsaubern Gegenstande, mir hat dies Buch das Andenken an einen Mann, den ich lieb gehabt habe, u. gern geachtet hätte, ganz u. für immer getrübt.

Sebastian ist ganz allerliebst, u. von dem Andenken an Onkel Felix immerfort erfüllt. Du nimmst einen bedeutenden Platz in seinen Spielen ein, u. bist immer derjenige, den er als Postillon herfährt. Oft sagt er auch so ganz ohne Veranlassung: Wann kommt denn endlich mein guter Onkel Felix wieder? Er meint auch gewiß, Du kämest zu Weihnachten. Eben spricht er wieder von Dir. Da ich jetzt niemand mit ihm auszuschicken habe, so gehe ich jeden Tag selbst mit ihm spatzieren, oder wenn ich Besorgungen u. Besuche zu machen habe, so nehme ich ihn mit. Man kann schon die weitesten Wege mit ihm machen. Er ist magerer aber munterer u. ausgelassener als je, und sein Sprechen setzt mich, obgleich ich es täglich höre, doch immer von Neuem in Verwunderung. Seine Neigung zu den Damen aber, lieber Felix, ist noch immer dieselbe, heut hat sich die Haehnel zu Tisch bei uns melden lassen, da kann er die Zeit gar nicht erwarten, u. hat schon 20mal nach ihr gefragt. Eben war die Decker hier, bei der am Mittwoch Don Juan gesungen werden soll. Ich bedaure sehr, daß mir meine Partitur gestohlen ist, u. werde suchen, mir eine Andre zu verschaffen, denn lieber Felix, ich renommire da, und setze die Leute in Erstaunen, indem ich die Zauberflöte aus der Partitur, u. das Opferfest vom Blatte spiele, das Letztere aber war eine unschuldige Renommage, es traf so mit meinem Cäcilienfest zusammen, daß ich nicht Zeit hatte, es durchzusehn. Im Ganzen mache ich diesen Winter sehr viel Musik, u. bin ganz wohl damit zufrieden. Meine Sonntagmorgen erhalten sich ziemlich brillant, bis auf den letzten, der brillant klaterig war. Lebe wohl für heut.

Kommentar zu Brief 22

Verlauf Deines Concerts: Wohl Düsseldorfer Konzert vom 22. 11. 1833, in dem u. a. Händels »Alexanderfest« aufgeführt wurde.

Luise: Luise Hensel, die von 1833–1836 mit Fanny und Wilhelm zusammenlebte.

Zelterschen Briefwechsel: Der Briefwechsel zwischen Goethe und Zelter, der 1833/34 in Berlin/Weimar von F. W. Riemer herausgegeben wurde.

Da Vater jetzt nicht Abends lesen kann: Abraham litt unter einer starken Sehschwäche, die sich in den Jahren bis zu seinem Tod (1835) fast bis zur Erblindung steigerte.

sehr unwillig darüber: Im Briefwechsel zwischen Goethe und Zelter sind viele Bemerkungen über die Familie Mendelssohn enthalten, die, so bald nach dem Tod der Korrespondenten veröffentlicht (beide starben 1832), von den Betroffenen als taktlos empfunden wurden, zumal sie Goethe und Zelter aufrichtig verehrt hatten. In der Ausgabe von Ludwig Geiger (Leipzig o. J.), die übrigens gegenüber der Riemerschen von einigen plump antisemitischen Entgleisungen »gereinigt« ist, wird allerdings Fanny vorteilhaft dargestellt. So stellt Zelter ihre Vertonung eines Gedichtes von Voß über seine eigene (II, S. 404, 11.–24. 6. 1826) und lobt ihre vorzügliche Interpretation der Klavierwerke Johann Sebastian Bachs (I, S. 451, 4. 4. 1816). Auch die Schilderung Abrahams und seiner Familie wirkt, im Ganzen betrachtet, eher wohlwollend als gehässig und ist vermutlich auch so gemeint. Aber die Kränkung lag wohl gerade darin, daß diese positive Würdigung von einem latent judenfeindlichen Unterton, oder vielleicht treffender: von einer christlichen Arroganz begleitet ist, und daß Zelter klar zu verstehen gibt, daß er die Mendelssohns weder als Christen noch als vollwertige Mitglieder der deutschen Kulturgemeinschaft anerkennt. So heißt es z. B. über Abraham:

»Er (. . .) ist mir sehr gewogen und ich habe offene Casse bey ihm, denn er ist in den Zeiten der allgemeinen Noth ohne Schaden an seiner Seele reich geworden.« (Geiger I, S. 451). Über Felix schreibt er, kurz vor dem gemeinsamen Besuch bei Goethe: »Er ist zwar ein Judensohn, aber

kein Jude. Der Vater hat mit bedeutender Aufopferung seine Söhne etwas lernen lassen und erzieht sie wie sich's gehört; es wäre wirklich einmal eppes Rores wenn aus einem Judensohne ein Künstler würde.« Riemer gibt statt »etwas lernen lassen« die Lesart »nicht beschneiden lassen«, laut Werner (Mendelssohn, S. 550) eine »unrichtige Annahme Zelters«. Die Wendung »eppes Rores« soll offenbar humoristisch-herablassend ans Jiddische anklingen. Der Mendelssohn-Biograph Eric Werner schreibt dazu:
»Sogar bei dem gewiß wohlwollenden Zelter spürt man die jahrhundertealte Verachtung jüdischen Denkens und Lebens, mitten in der von ihm selbst verfochtenen Emanzipation!« (Werner, Mendelssohn, S. 39). Fanny, Rebecka und Lea werden von Zelter vor ihrem Besuch bei Goethe (1823) als »die jüngsten Großmütter des alten Testaments« angekündigt. (Geiger II, S. 198, 2. – 5. 7. 1823).

niemand mit ihm auszuschicken habe: Luise Hensel hatte vor ihrer Erkrankung die Betreuung von Sebastian übernommen. Vgl. dazu Binder, Luise Hensel, S. 255: »Indem sie derselben (Fanny, die Hrsg.) einen guten Theil der Haushaltungssorgen abnahm, schaffte sie ihr die Muße, der von Jugend auf gepflegten Kunstausübung auch fortan ungehindert sich widmen zu können.« – Vgl. auch Luisens Brief an Clemens von Brentano, 270: »Die kleine Haushaltung meines

Bruders, deren Obliegenheiten mir jetzt fast ganz übergeben sind, und sein 4 Jahre alter Knabe beschäftigen mich den größten Theil des Tages.«

die Haehnel: Amalie Haehnel (1807–1849), aus Böhmen stammende Sängerin, seit 1831 am Königstädtischen Theater in Berlin.

klaterig: niederdeutsch für: schmutzig, schlimm, bedenklich, elend.

23. An Felix in Düsseldorf

Berlin, 26sten Dec. 1833.

Wie oft Du dies mal unsere Weihnachtsfreuden lesen wirst, lasse ich dahin gestellt seyn, denn Mutter, Rebecka und ich haben uns verabredet, uns nicht zu verabreden, und nun, aus Furcht, es möchte Jede glauben, die Andre schriebe Alles, wird wol Jede Alles schreiben (...) Du hast gefehlt, das weißt Du wohl, u. ich denke, wir haben Dir auch gefehlt, u. daß Du nicht hier warst, war sehr schade, denn ich habe selten einen so gelungenen Abend gesehn, (unser Cäcilienfest war es in andrer Art) wo so Alles gelang u. griff, u. das war um so erfreulicher, als unser letzter theatralischer Versuch, zu Vaters Geburtstag so komplet geplumpt war, (u. ich bleibe dabei, es war sehr komisch angelegt), daß ich mich keiner ähnlichen Schite in den Annalen unsres Theaterlebens zu erinnern weiß. Dir Kapellmeister von mehr Erfahrung als Jahren, brauch ich ja nicht ein Publicum zu demonstriren. Also: der Saal war durch drei verschiedene Völkerschaften in Besitz genommen. Paul besaß die Nische, Mutter hatte den eigentlichen großen Raum des Saals, bis auf das mittlere Fenster, worin Rebecka u. ich eine Bude erbaut hatten, die, um uns nicht selbst zu loben, ganz allerliebst war. Vor dem geschlossenen Fensterladen hing ein Spiegel, an beiden Seitenwänden Theaterlampen, die wir der nachfolgenden Paul Schülerschen Truppe genommen hatten. Die Bude selbst war mit allerhand zu verschenkenden Kleiderzeugen drappirt, u. die Pfeiler (Bohnenstangen mit Zeug maskirt) durch Trophäen von Kinderspielzeug geschmückt. Auf einem quervorstehenden langen Tische lagen nun unsre Geschenke ausgebreitet, u. dahinter standen wir Beide als Verkäuferinnen (zu Schleuderpreisen) mit schwarzen Kopftüchern, wie die hiesigen Landfrauen. Als wir zu Ende waren, setzte sich Mutter unter einen aufgespannten Regenschirm, u. hielt ihren Markt, der sehr reichlich für uns ausfiel. Dich aber interessiren Blondenärmel und Thibetkleider nicht. Hierauf kam Paul, der als Tyroler brillant aussah, u. auf seinem Brett eine Menge schöner, nützlicher, gut gewählter Geschenke mit sehr niedlichen, selbst gemachten u. abgelesenen Versen vertheilte.

Hierauf ließ sich Herr Decker melden, u. Hensel kam, ganz behangen mit Fußdecken, die wir den jungen Leuten aus dem Attelier zum Geschenk machten, vertheilte ebenfalls unter sehr hübschen, komischen Versen seine Geschenke, u. brachte mir, zu meiner großen Freude, die Landschaft von Dir, die ihm Waagen eine Stunde vorher abgegeben hatte. Habe vielen Dank dafür, sie soll ein neues, schönes Buch zieren, das ich mir anlege. Als nun Jeder beschenkt war, u. hatte, trat Moser aus der Nische vor, als Invalite, wie er sich nannte, u. kündigte ein Puppentheater an, auf dem nun die jungen Leute eine Reihe von allerliebsten Darstellungen gaben, die Moser durch brillant hübsche u. witzige Verse erläuterte. Das kleine Ding machte den größten Effekt, u. das Publicum kam von Anfang bis zu Ende nicht aus dem Lachen. Die Vorstellung bestand aus vier komischen Bildern, von denen das erste ein Ständchen, von ganzem Personale gegeben, vorstellte. Pohlke zeichnete sich als sentimentaler Violinist aus. Dann folgte eine altväterische Menuett, getanzt von Paul als Dame, u. Wagner, der einen langen Zopf zierlich in der Hand trug. Pohlke war wieder Musikant, wäre aber beinah umgefallen vor Lachen. Dann kam das Urtheil des Paris. Paul als Paris war nicht karikirt, u. sah ganz allerliebst aus. Kaselowsky als moderne Venus niederträchtig hübsch, oder wie Hensel sagte so verschämt liederlich. Löwenstein trug als Minerva einen naiven schwarzen Schnurrbart, Helm u. schottischen Mantel, u. Burggraf war eine Juno aus dem vorigen Jahrhundert; der Schäfer war karakterisirt durch ein großes Fell, unter dem Pohlke steckte. Dies Bild mußte auf stürmisches Begehren wiederholt werden. Das letzte war ein Duell zwischen einem verhungerten

Walter Lejeune Dirichlet und Sebastian Hensel,
Zeichnung von Wilhelm Hensel

Studenten, Pohlke, u. einem polnischen Grafen, Wagner. Der eine focht mit einer Gerte, u. der andere mit den Nägeln, u. das Ganze schloß damit, daß Beide auf eine unbeschreiblich komische Art über einander wegsprangen u. todt hinfielen. Dies Alles klingt nun erzählt gar nicht schön, Du kannst mir aber glauben, daß außer uns Allen, Varnhagen u. Gans sich ausgeschüttet haben vor Lachen, u. Moser u. Allen die größte Gerechtigkeit widerfahren ließen. Mir haben die jungen Leute eine wunderhübsche Zeichnung geschenkt, eine Bocciapartie im Garten, mit allen Portraits. Ich habe Jedem ein kleines Zeichenbuch gearbeitet, u. auf eine sehr feine Art durch Verse verloost. (...) Sebastian war sehr artig zu Weihnachten, u. will es Dir selbst erzählen.

Lieber Onkel Felix, ich habe einen Säbel bekommen, u. habe einen Ochsenwagen bekommen, u. habe einen Wagen mit Säcke drin bekommen, u. einen Chocoladenmann. Lieber Onkel Felix, ich habe ein Taubenhaus bekommen, die Tauben sitzen drauf u. können tanzen, u. 2 Tassen u. eine Kanne, eine Patronentasche, ein Bilderbuch, u. Zinn, ich weiß nicht so recht genau.

Der Brief muß fort in Eil.

Kommentar zu Brief 23

Blondenärmel: Ärmel aus Seidenspitze.

Thibetkleider: Kleider aus Wollgewebe.

Herr Decker: Rolf Ludwig Decker (1804–1877), Oberhofbuchdrucker in Berlin, Ehemann der Sängerin Pauline Decker.

den jungen Leuten aus dem Attelier: Die angehenden Maler, die Hensel in seinem eigenen Atelier unterrichtete.

Waagen:	Gustav Heinrich Waagen (1794–1868), Galeriedirektor in Berlin.
Moser:	Julius Moser (1805–1879), Genre- und Porträtmaler, seit 1831 Schüler Hensels.
Pohlke:	Carl Wilhelm Pohlke (geb. 1810), Historien-, Genre-, Bildnis- und Landschaftsmaler, Schüler Hensels.
und einem polnischen Grafen:	1831 hatte es in Polen einen Aufstand gegen Zar Nikolaus I. gegeben, der von den russischen Truppen blutig niedergeschlagen worden war. Die Liberalen in Deutschland standen auf Seite der Polen, während die preußische Regierung es mit dem Zaren hielt. Viele aufständische Polen flohen nach Deutschland. Deutsche Künstler gaben seit 1831 Wohltätigkeitskonzerte zugunsten polnischer Flüchtlinge, und auch die von Fanny geschilderte Szene ist als Sympathiekundgebung für das notleidende polnische Bürgertum zu verstehen.
Wagner:	Franz Wagner (geb. 1810), Genre-, Landschafts- u. Bildnismaler, Schüler Hensels.
Kaselowsky:	August Kaselowsky (1810–1891), Schüler Wilhelm Hensels.
Löwenstein:	Heinrich Löwenstein (1806–1841), Historien- und Genremaler, Schüler Hensels.
Burggraf:	Karl Burggraf (geb. 1803) Porträt- und Genremaler, Schüler Hensels.

Varnhagen: Karl August Varnhagen von Ense (1785–1858), Diplomat und Schriftsteller, Witwer der im März 1833 verstorbenen Rahel.

24. An Felix in Düsseldorf

Berlin, 9ten July ⟨18⟩34.

Es schreibt sich niemals netter, als wenn man eben ganz frisch einen Brief bekommen hat, dann giebt das rasche Antworten etwas Conversationsmäßiges, u. das ist doch der größte Reiz am besten Briefe, wenn er dem schlechtesten Gespräch nah kommt. Ach, da werde ich schon wieder abgerufen. – So, jetzt habe ich meine große Wirthschaft, meine große Toilette und mein großes Frühstück besorgt, Sebastians Hammel losgebunden, der sich immer mit den Füßen in seinem Strick verwickelt, u. dann jämmerlich blökt, u. sonst noch einer ganzen Heerde Kühe die Schwänze aufgebunden, u. sitze im Garten wo es feucht u. warm u. wunderschön ist, u. wo die letzten Rosen blühen, u. denke ungestört weiter zu schreiben. Mein größtes Vergnügen ist jetzt alle Tage in der Spree zu baden, wozu nah bei Moabit eine sehr hübsche, von einer Hallerin geleitete Anstalt ist, in der auch Schwimmen gelehrt wird. Hier sieht man eine große Anzahl zum Theil recht hübsche Berlinerinnen als vollkommene Najaden mit nassen Haaren plätschern, was sich oft allerliebst ausnimmt. Sebastian nehme ich mit, er hat sich nach dreimaliger Angst ganz gut gewöhnt, u. findet jetzt großes Vergnügen daran. Der Sommer ist göttlich, ich erinnere mich nicht so schönen Wetters, heut haben wir nach langer Hitze einen (. . .) milden Tag, der nichts zu wünschen übrig läßt.

(. . .) Meine Sonntage sind jetzt so ziemlich den Krebsgang gegangen, Alles ist verreist, auseinander, u. dazu war die Hitze zu groß in den vorigen Wochen. Vorigen Sonntag war Hensels Geburtstag, den wir äußerst fröhlich zugebracht haben. Seine Schüler haben ihn wieder wunderschön beschenkt, mit einem großen silbernen Pokal, mit obligaten Kränzen, u. einem sehr hübschen Gedicht von Moser. Ich habe ihm eine Gliederpuppe aus Cassel kommen lassen, zu der Vater die Hälfte beigetragen, u. die uns noch großen Spaß gemacht hat. Sie war denselben Morgen durch einen von Moser geschriebenen Brief als eine taubstumme Schülerin angekündigt worden, u. diesen Brief hatte Hensel aufs Wort geglaubt, so daß er, als nachher eine Dame gemeldet wurde, uns erzählte, es werde wol diese Schülerin seyn, zu der er aber keine große Lust bezeigte. So fand diese Erkennung zu allgemeinem Spaß statt.

(. . .) Hensel dankt sehr für Deine malerischen Berichte. Bendemanns Idee von der Oase gefällt ihm außerordentlich (mir auch). Ueber das was Du sonst von ihm sagst, sind wir Deiner Meinung. (Du siehst, ich habe mich in eine gute Compagnie begeben.) Aber über Lessing muß ich Dir eine abweichende Ansicht offenbaren. So sehr ich ihn liebe, finde ich doch nicht u. kann nicht finden, was Du sagst, daß er immer ein Anderer sey. Im Gegentheil finde ich, wie verschiedene Gegenstände er auch behandle, immer dieselbe Richtung u. den Kirchhof mit Schnee dem Königspaar so ähnlich, wie nachher die Leonore, u. die kleine Landschaft die Decker hat. Immer etwas Todtes, bergab gehendes, Verlöschendes, ich habe noch keinen freien Athemzug von ihm gesehn. Ueber Hübner bin ich wieder ganz Deiner Meinung, er scheint mir entschiedenes Talent für das Kleine, Graziöse, Beschränkte zu haben, Bilderchen wie er ein Männchen ist, nett u. kleinlich. Wenn er aber groß sein will, bringt er solche Mißgeburten, wie den Simson, zu Wege, *so* wird doch hoffentlich sein neues Bild nicht seyn.

(. . .) Jetzt wollte ich noch einen Artikel schreiben, aber die gehoffte Ruhe war so unruhig, daß ich auch kein einziges Wort ohne Geplauder um mich herum habe schreiben können, u. nun weiß ichs nicht mehr. Ich freue mich nicht wenig auf Dein Hierseyn, wir werden wieder viel zu besprechen u. zu erleben haben. Nächstes Jahr reisen wir in jedem Fall, sollten wir nicht besondere Veranlassung haben, ins Ausland zu reisen, wahrscheinlich durch einige schöne Städte von Deutschland, indeß hoffe ich das Erstere. Einstweilen lebe wohl, die Zerstreuung ist zu groß, ich kann nicht weiter schreiben. *Den 10ten.* Warum wunderst Du Dich über Marx Verlobung? War er nicht von jeher unpraktisch und heiraths-lustig? Noch hat er uns seine Braut nicht gebracht, u. ihn habe ich auch erst einmal als Beglückten gesehn, ich gestehe, ich fürchte sehr; wie ich höre, hat sie kein Vermögen. Ist sie nun eine streng ordentliche, geizige Wirthin, so kann es dennoch zu seinem Besten seyn, ist sie das aber nicht, so sehe ich nicht ab, wie die Sache möglicher Weise gehn soll. Leb wohl. Hensel u. Alles grüßt.

Kommentar zu Brief 24

Sebastians Hammel: Sebastian hatte kurz zuvor von seiner Tante Rebecka ein lebendiges Schaf bekommen.

Krebsgang: musiktheoretischer Terminus für das Verfahren, eine Melodie oder ein Satzgefüge rückwärts zu lesen und in dieser Gestalt kompositorisch zu verwenden.

malerischen Berichte: Als Musikdirektor in Düsseldorf versorgte Felix seinen Schwager mit Informationen über die Neuigkeiten an der dortigen Akademie.

Bendemann: Eduard Bendemann (1811–1889), Historien- und Porträtmaler, Freund Felix Mendelssohns.

Lessing: Karl Friedrich Lessing (1808–1880), Landschafts- und Porträtmaler, seit 1826 in Düsseldorf, zuerst berühmt geworden durch sein Gemälde »Trauerndes Königspaar«, das thematisch auf einem Gedicht von Uhland basiert.

Hübner: Julius Hübner (1806–1882), Maler, seit 1826 mit Unterbrechungen in Düsseldorf, ab 1842 Professor an der Dresdner Akademie. Das religiöse Gemälde »Simson« entstand 1832 in Berlin.

Marx Verlobung: Fanny sollte mit ihrer skeptischen Prognose recht behalten, denn am 15. 7. 1834 berichtet Felix über Marxens »Entlobung« (Elvers, Briefe, S. 172).

25. An Felix in Düsseldorf

⟨Berlin, den⟩ 30sten Novbr. ⟨18⟩34.

Ich habe eben Deine Uebersetzung von Byrons Gedicht wieder gelesen, und finde es durchaus besser als Theremins bis auf den Schluß, der bei Th. unendlich schöner, ja ich möchte sagen, schöner als bei Byron selbst ist. Du mußt suchen, es noch zu ändern, u. mit ›hell, aber ach wie fern‹ zu schließen. Es liegt in dem Gedicht etwas Wunderbares, wie ich es fast nicht stärker ausgesprochen kenne. Es übt eine völlig magnetische Gewalt über mich aus, ich kann nicht wieder davon weg denken. – Ich lerne ihn überhaupt jetzt kennen, zwar auf eine Weise die nicht die vortheilhafteste für einen Dichter ist, da ich seine Verse alle 8 Tage beim Lehrer lese, u. mehr oder weniger mühsam verstehe. Allein was durch alle diese Prosa durchdringt, das ist die Gewalt seines Rythmus, der wunderbare Klang seiner Verse, in dieser widerstrebenden Sprache, das ist das tiefpoetische seines ganzen Wesens.

Mir ist dieser Tagen sein Leben in die Hände gefallen, das ich lese, u. das mich sehr interessiert. Es verdrießt mich immer, wenn wir, auch über Kleinigkeiten, nicht zusammen kommen können. Ich habe, seitdem Du andrer Meinung warst, versucht, mit Kritik an Loewes Komposition jenes Byronschen Gedichts zu gehn, u. kann es nicht, weil es mich jedesmal wieder rührt, wenn ich nur dran denke. Ich finde es so ganz träumerisch schön, so, ich kann mich nicht anders ausdrücken, entfernt klingend, so in den Sinn der Worte eingehend, daß es mich mit fortreißt, sobald ich daran mäkeln will.

10ten. Ich hatte dies Blatt angefangen, mit dem Vorsatz, es gelegentlich, in guten Stunden, gar hinaus zu schreiben, u. so sey es denn. Heut den Tag über hatte ich mancherlei Verdrießlichkeiten, u. heut Nachmittag spielte ich 2 Trios durch, die ich mir, in Bezug auf meine Sonntag wieder anfangensollenden Musiken hatte geben lassen, von Reißiger u. Onslow. Ich wollte doch gar zu gern einmal etwas Neues bringen, u. das eine Onslowsche Thema hatte mir im Laden gefallen. Es war aber ein so mattes, lahmes, grundlangweiliges Zeug, daß ich im Durchspielen fast verschimmelte, u. nachher zur Erholung, die Litaney u. meine Lieblingsmotette: ›Gottes Zeit‹, spielte. Ah!! Dabei wird einem wieder wohl. Ich kenne keinen eindringlicheren Prediger als den alten Bach. Wenn er so in einer Arie die Kanzel besteigt, u. sein Thema nicht eher wieder verläßt, bis er seine Gemeinde durch u. durch erschüttert oder erbaut und überzeugt hat. Schöneres kenne ich fast nicht, als das Furchtbare ›es ist das alte Bund‹, wozu die Soprane so rührend einstimmen: ja komm Herr Jesu komm.

Sebastian nicht Bach nimmt mir die Feder aus der Hand.

Lieber Onkel, ich habe dich recht lieb dich, will dir zu Weihnachten recht was Schönes schicken. Morgen ist Großmutters Geburtstag. Lieber Onkel, Tante Luise läßt Dich grüßen, u. komm doch mal bald wieder her, u. frühstücke mit uns, u. spiele mir was vor, u. Tante grüßt herzlich. Lieber Onkel, ich werde Dir bald was vorlesen. Ich werde dir zu deinem Geburtstag einen recht hübschen Rosenkranz u. ein Blumensträußchen schicken.

Kommentar zu Brief 25

Byrons Gedicht: Felix Mendelssohn Bartholdy: Zwei Romanzen nach Texten von Byron (1833/34), Nr. 2: Sun of the Sleepless.

Theremin: Franz Theremin (1780–1846), protestantischer Prediger, Rhetoriker und Übersetzer.

Loewes Komposition: Loewes Lied »Die Sonne der Schlaflosen« op. 13, 6, komponiert 1825, erschienen 1826. Die von ihm benutzte Thereminsche Übersetzung des Byron-Gedichtes lautet:

Schlafloser Augen Sonne, zitternd Licht,
Das durch die Finsternis der Nächte bricht
Und das erhellte Dunkel besser zeigt,
Wie Dir Erinnerung der Freude gleicht.
So scheint auch der vergangnen Tage Lust,
Sie scheint, allein erwärmet nicht die Brust.
Dem wachen Kummer strahlt sie wie ein Stern,
Klar, aber kalt; hell, aber ach, so fern!

Reißiger: Carl Gottlieb Reißiger (1798–1859), deutscher Kapellmeister und Komponist.

Litaney: Welche Komposition von Johann Sebastian Bach hier gemeint ist, ist nicht genau zu bestimmen, vermutlich aber das Kyrie der F-Dur-Messe (BWV 233), in dem die Melodie der Litanei dem Baß übertragen ist, während Hörner und Oboen den Choral »Christe, Du Lamm Gottes« anstimmen.

Lieblingsmotette: »Gottes Zeit ist die allerbeste Zeit« von Johann Sebastian Bach (Kantate »Actus tragicus« BWV 106), ein Lieblingswerk der Familie, das Gegenstand vieler Briefe war (vgl. Großmann-Vendrey, Vergangenheit, S. 62 f.). Diese Kantate wurde am 29. 6. 1834 vom Düsseldorfer Singverein unter Leitung von Felix aufgeführt. Fanny brachte sie am 3. 3. 1835 während einer »Sonntagsmusik« zum Klingen.

26. An Felix in Düsseldorf

Berlin, 24sten Nov. ⟨*1834*⟩

Habe Dank, o Clown für Deinen lieben Geburtstagsbrief. Die Andern haben Dir seitdem geschrieben, also hast Du wohl von allen freundlichen Feierlichkeiten, Geschenken der jungen Leute, u. andren schönen Sachen, Thee im prächtig aufgeputzten Attelier, und vortrefflich aufgeführten Charaden, schon gehört. Ich glaube, wenn ich eine alte Frau seyn werde, werden mir noch solche Aufführungen Spaß machen. (...) Wilhelm hat mir eine Zeichnung zu meinem Geburtstage gemacht, die sehr schön wird. Mirjam, die Prophetin, die Pauk' in ihrer Hand, die Weiber hinter ihr, Moses auf einem Wagen, den Zug leitend, im Hintergrunde mit Beute beladede, Theile des Heeres, u. in dämmernder Ferne Pyramiden. Die Composition ist rund, u. sehr reich, schön und besonders. Ich hoffe, er wird es malen. Diese Zeichnung ist das erste Blatt, in einem schönen Buch, das wir uns zum Stammbuch eingerichtet haben.

27sten.

Du erhältst nun jetzt den 6ten Band von Goethe Zelter, mit dem die Reihe geschlossen ist. Der Herausgeber hat sich die Mühe gegeben, hinten ein alphabetisches Verzeichniß anzuhängen, in welchem Jeder, der das A b c weiß, ohne Mühe nachsehn kann, wo und wie oft er im ganzen Werk geschimpft oder gelobt (Du bists 58 mal) worden, was hier ziemlich gleich bedeutend ist. Figaro! würdest Du sagen, wenn Du hier wärest, ich kann Dir aber nicht helfen, es beleidigt mich von Anfang bis zum Schluß, daß in einem Lande ohne Preßfreiheit, wo also die zur Oeffentlichkeit bestimmten Personen sich der Oeffentlichkeit entziehn, harmlose Privatpersonen so plötzlich, wie von Räubern aus dem Busch angefallen, u. je nachdem den Herren die Dinte geflossen ist, besprochen u. verlästert, auch mitunter ihnen die Ehre abgeschnitten wird. Von mir steht, ich spiele wie ein Mann, ich habe Gott oder Zelter zu danken, daß da nicht eine Unanständigkeit folgt, mit denen das Buch sonst wohl gesegnet ist. Vater wirst Du mehrere Mal hart getadelt finden, daß er Dich nicht nach Sicilien reisen lassen. In England würde ein solches Buch gar nicht gelesen, weil man der Persönlichkeiten gewohnt ist, u. es sonst kein Interesse hat, schön finde ich es aber unter keinen Umständen, u. immer u. ewig unzart, Privatleute zu veröffentlichen. Streiten muß ich aber auch noch mit Dir. Nicht über die Bilder, denn das ist schriftlich zu weitläufig, u. wir sind mal zu sehr aus einander über den Punkt. Wir sprechen wol noch einmal darüber. Aber was schnauzt Du mich denn da an, weil ich sage, Paganini habe das Geigenspiel verändert? Ist denn das nicht wahr? Spielt man denn heut, wie man auf der ersten Geige gespielt hat? Wer hat denn die Sache anders gemacht, als große Talente? Und wozu sind *Umschwünge in den Leuten,* wie Du sagst, wenn sie nicht auch außer sich etwas umschwingen? (. . .) Was willst Du denn anders, als weiterbringen, Dich u. die Kunst? dazu bist Du doch wohl fleißig, u. nicht um so u. so viel Rieß Papier zu beschreiben. Ich sagte u. rettete meine Sache, die aber doch wohl nicht in Gefahr bei Dir geschwebt hat, nicht wahr?

Gestern waren wir, o Wunder, im Theater, um die Töchter der Crelinger in Minna v. Barnhelm zu sehn. Ein Paar allerliebste Mädchen. Hübsche, natürliche Talente, u. so ausgebildet, daß man fast sagen möchte, es wäre für ihr Alter zu viel, wenn man nicht wieder hoffen müßte, daß ein so glückliches Naturell sich auch weiter hilft.

(. . .)

Heut ist nun die letzte russische Majestät abgerutscht. Wie lumpacivagabundus sich Beide hier benommen haben, darüber ist nun ein Geschrei. Der Kaiser hat keine wohlthätige Anstalt beschenkt, die Kaiserin bis jetzt auch noch nicht, vielleicht kommt das noch. Da nahm sichs denn fast wie eine Satyre aus, daß der immens reiche, närrische Demidoff zur

Feier ihrer Anwesenheit, den Armen 1000 rl schenkte. Von der Ausstellung, die ihretwegen 14 T. länger offen blieb, haben sie nicht für einen rl. gekauft, u. die einzige grandiose Bestellung, die die Kaiserin gemacht hat, ist eine Kopie nach der Skizze v. Blancs Bilde. Ueberhaupt ist alles voll des Lobes ihrer Unfreundlichkeit, u. ihres kindischen u. würdelosen Betragens. Der Ausstellung haben sie entschiedenen Schaden zugefügt, denn da sie den König um Geld u. Zeit gebracht haben, hat weder er, noch der Kronprinz, noch sonst Jemand vom Hofe etwas gekauft, was eine unerhörte Sache ist. Nach Bildern von 20 Louisdor hat die Kaiserin gefragt, u. sie waren ihr zu theuer.

Eben habe ich Deinen Brief an R. mit den Intendanzklagen gelesen, ich danke Gott, daß Du heraus bist. Lebe nun wohl, ich will herüber, u. Vater vorlesen, aus Rankes Päpsten!

Kommentar zu Brief 26

Er wird es malen:	Gemalt als Rundgemälde mit dem Titel »Mirjam eröffnet den Reigen der Jungfrauen nach dem Durchzug durch das Rote Meer« (Akademie-Kataloge 1835, Nr. 336). Dieses Bild, auf dem Fanny selbst als Mirjam dargestellt ist, wurde 1838 von Queen Victoria gekauft. (Vgl. Sirota, Fanny, S. 104).
ich spiele wie ein Mann:	Briefwechsel Goethe/Zelter (ed. Riemer) Bd. VI, S. 144.
nicht nach Sicilien reisen lassen:	Vgl. Briefwechsel Goethe/Zelter (ed. Geiger) Bd. III, S. 416. Zelter hatte die Italienreise seines Schützlings begrüßt, da er ihn »in dem verderblichen Familiengeträtsch wie einen Gallert zusammenrin-

nen« sah (Briefwechsel Goethe/Zelter, ed. Geiger, Bd. III, S. 314).

das Geigenspiel verändert: Vgl. Felix' Brief an Fanny vom 14. 11. 1834 (Elvers, Briefe, S. 174): »So ist mirs nicht einmal recht, daß Du vom Umschwung der Geige seit Paganini sprichst (...), denn solche Umschwünge kenne ich nicht in der Kunst, nur allenfalls in den Leuten (...)«.

Töchter der Crelinger: Auguste Stich-Crelinger (1795–1865), als Mitglied der Berliner Königlichen Schauspiele eine der großen Tragödinnen ihrer Zeit. Sie protegierte ihre Töchter Bertha und Clara Stich.

letzte russische Majestät: Zar Nikolaus I. (1796–1855) war seit 1817 mit der preußischen Prinzessin Charlotte, Tochter Friedrich Wilhelms III., verheiratet. Er reiste 1834 mit ihr nach Berlin, wo zu seinen Ehren die Akademie-Ausstellung verlängert wurde. Von Hensel wurde dort das Ölbild »Christus vor Pilatus« gezeigt. Fannys Verbitterung ist daraus zu erklären, daß sie fest mit einem Ankauf des Bildes, an dessen langwierigem Entstehungsprozeß sie lebhaft teilgenommen hatte, gerechnet hatte. Das Gemälde, das als Hensels wichtigstes Werk angesehen wurde, wurde jedoch erst 1835 vom preußischen Königshaus erworben und als Altarbild in die Garnisonskirche gebracht. Dort verbrannte es 1908. Unzählige Studien, zu denen vor allem polnische Juden und Frauen der

Berliner Synagogengemeinde gesessen hatten, waren der endgültigen Ausführung vorausgegangen. Auch Fanny und Sebastian waren auf dem Bild vertreten.

Demidoff: Graf Anatole Demidoff (geb. 1812), russischer Gelehrter und Forschungsreisender, der wegen seiner Wohltätigkeit berühmt war.

rl: Abkürzung für »Rubel«.

Blanc: Louis Ammy Blanc (1810–1885), Maler, Vertreter der Düsseldorfer Romantik.

an R.: An Rebecka.

Intendanzklagen: Bezieht sich auf die Verfeindung mit Carl Immermann und Felix' Rücktritt von der Leitung der Opernaufführungen in Düsseldorf.

Rankes Päpsten: Leopold von Ranke (1795–1886), Theologe und Historiker, Professor an der Berliner Universität. Fanny las aus seinem Werk »Die römischen Päpste, ihre Kirche und ihr Staat im 16. und 17. Jahrhundert«, dessen erster Band 1834 erschienen war.

27. An Felix in Düsseldorf

Berlin, 27. Dec. 1834

Ich schreibe, nicht blos als Federkiel, sondern als selbständige Authorin.

Es waltet schon seit mehreren Wochen, und verschiedenen Hin- u. Herschreibungen ein so eigenthümliches Mißverständniß ob, mein lieber Felix, daß ich mich umgehend hinsetze, es endlich ins Klare zu bringen. Der Brief, den Dir Rebecka schrieb, auf den Brief, den Du mir geschrieben hast, über den Brief, den ich Dir geschrieben hatte, en sujet de Lafont, den ich damals noch gar nicht gehört – ist gar nicht aus R.s Kopf, wiewol aus ihrer Feder geflossen, sondern war der erste, den Vater dictirte. Wunderst Du Dich? Lies ihn noch einmal, u. die Schuppen werden Dir vom Auge fallen, u. Du wirst nicht begreifen, daß Du ihn nicht gleich so verstanden hast. Ich begreife es indeß sehr wohl, was man selbst weiß, denkt man gar zu leicht für jeden Andern auch begreiflich, u. so dachte Vater, Du müßtest auf der Stelle im Brief den Punkt erkennen, wo er angefangen zu diktieren. Ich fand es gleich nicht recht. Indeß ändert das eigentlich in der Sache nichts. Was *ich* Dir antwortete, war von mir, u. da wir einmal angefangen haben, uns in eine höchst würdige u. parlamentarische Erörterung einzulassen, so wollen wir fortfahren. Je demande la parole, die Du mir von Düsseldorf aus gewiß nicht streitig machen wirst.

Daß die Zeiten sich ändern, und mit den Zeiten auch wir, das läßt sich wol nicht ganz läugnen. Es giebt gewiß in der Kunst auch ein positives Gutes, und ich hoffe, Du wirst mich niemals für so von Gott verlassen halten, daß ich das, was wir als Höchstes anerkannt haben, und immer anerkennen werden, der Mode unterworfen glauben sollte. Hannchen in den Jahreszeiten wird so wenig veralten, als Alceste, oder als der Evangelist Matthäus. Nun aber giebt es doch im Guten eine unglaubliche Menge von Schattirungen, u. da sich die Kunst, oder das Schöne, oder der Geschmack, nicht mit 2 mal 2 = 4 demonstriren läßt, so wird es da einen Punkt geben (und der trifft, glaub ich, hauptsächlich die Execution) wo die Außenwelt, oder die Wandelbarkeit der Zeit, oder (schleiche Dich um das Wort herum wie Du willst) die *Mode* ihren Einfluß üben wird. Du erinnerst Dich so gut wie ich, daß es eine Zeit gab, wo wir von Spohrs Musik unendlich entzückt waren. Jetzt sind wir es nicht mehr in dem Grade, nun ist aber doch seine Musik stehn geblieben, wir sind eben auch keine andre Menschen geworden, aber unser Verhältniß zu ihm hat sich geändert.

Laß uns noch das einmal angeregte Beispiel von Violinspielern nehmen. Spohr hat gewiß in seinem Spiel unendlich viel positiv Gutes, was nicht vergehn wird, er hat aber auch daneben eine gewisse Süßlichkeit, u. diese Tendenz hat vielleicht in ihrer Zeit viel zu seinem Ruhm beigetragen. Nun kommt Paganini, u. spielt wild, phantastisch, stark, u. alle jungen Geiger bemühen sich, es ihm nachzuthun, u. reißen die g Saite entsetzlich. Darauf höre ich Spohr nach einer Reihe von Jahren wieder, u. unwillkührlich wird mir seine Süßigkeit mehr auffallen, als sonst, wenn sie sich auch an u. für sich nicht vermehrt hätte, weil ich die Ohren von einer entgegen gesetzten Richtung voll habe. Diesem Einfluß unterliegt natürlich zunächst das Publicum in Masse, die einzelnen Menschen mehr oder weniger, aber ganz frei glaube ich, kann sich Niemand davon sprechen. Es würde mir gar nicht schwer werden, noch Beispiele in Menge andrer Art anzuführen, wo uns Dinge oder Menschen, die uns vor einiger Zeit gefielen, jetzt fade u. langweilig, oder bizarr u. unerträglich vorkommen. Solcher Wechsel trifft natürlich nie das Höchste und Beste seiner Art; aber daß auch das Gute, je nachdem es der Zeit gegen über steht, mehr oder weniger gut erscheinen kann, scheint mir entschieden. Antworte hierauf, Clown! Soll ich diese ganze Korrespondenz in mein Streitbuch eintragen? (. . .)

Authorin: Einige der vorangehenden Briefe waren von Abraham, der seiner kranken Augen wegen nicht selbst schreiben konnte, seinen Töchtern Fanny und Rebecka diktiert worden.

Lafont: Charles Philippe Lafont (1781–1839), französischer Violinvirtuose. – Zum Inhalt dieser »Streit«-Korrespondenz vgl. Elvers, Briefe, S. 174.

Jahreszeiten: Oratorium von Joseph Haydn.

Alceste: Oper von Christoph Willibald Ritter von Gluck.

Spohrs Musik: Louis Spohr (1784–1859), deutscher Geiger und Komponist.

28. An Felix in Düsseldorf

Berlin, 17ten Februar 1835.

Ich habe Dir für 2 Briefe zu danken, und will einmal erst ordentlich beantworten, was zu beantworten ist. (...) Die beiden Stücke, die Du verlangt hast, sind im Begriff abzugehn, das Eine hab ich nur noch nicht vom Notenschreiber zurück. Was nun das Herausgeben betrifft, so wollte ich Dich fragen, ob Du auch nicht vergessen hast: wer nur den lieben Gott läßt walten, es gefällt mir sehr, u. wenn ich unter den 2 genannten zu wählen hätte, so wäre es »Christe Du Lamm Gottes«. Von »ach Gott vom« gefällt mir ganz besonders das erste Stück, u. vorzüglich vom unisono an, wo es sehr ernsthaft u. schön bis nach a dur hinein geht. Die Arie ist wunderlich und schön wie die Worte. Aber das letzte Stück möchte ich Dir stark anfechten. Du mußt nur nicht glauben, daß ich Dir eine retour Kutsche schicke, das ists gewiß und wahrhaftig nicht. Aber das fängt in fis moll an, u. schließt in a moll, oder vielmehr in C dur, durch wenige Modulationen hindurch, u. doch glaube ich hätten die Worte da die allergrößte Standhaftigkeit u. ein Beharren im Choral erfordert. Wären wir beisammen, so würden wir uns leicht darüber verständigen, so bitte ich Dich aber, antworte mir darauf, u. sage mir inwiefern Du vielleicht seit den Paar Jahren, die über die Composition vergangen sind, andrer Meinung geworden bist.

Die Arie aus »wer nur den lieben Gott«, bringt mich darauf, Dir zu sagen, daß ich in mehreren Solosachen Deiner kleinen geistlichen Musiken eine Art von Gewohnheit finde, die ich nicht gern Manier nennen möchte, u. nicht recht zu benennen weiß, nämlich etwas übereinfaches, welches mir Dir nicht ganz natürlich zu seyn scheint, eine Art von kurzen Rythmen z. B., die etwas Kindliches, aber auch etwas Kindisches haben, u. mir der ganzen Gattung sowohl, als auch

Deiner ernsten Art die Chöre zu behandeln, nicht ganz angemessen scheinen. Ich habe hier vorzüglich die Arie aus der Weihnachtsmusik im Sinn, wo ich mir wohl denken kann, wie Du dazu gekommen bist, aber auch in mehreren andern scheint mir das Prinzip das Nämliche zu seyn. Wenn es Zeit hätte, bis wir uns sehn, so wäre es wohl hübsch, wenn wir die Auswahl zusammen machen könnten, denn ich habe nicht alle die Musiken, die ich nicht besitze, genug im Kopf, um Dir meinen weisen Rath zu ertheilen.

Habe Dank für die ordentliche Critik meines Quartetts. Wirst Du es einmal spielen lassen? Weißt Du, daß ich finde, wir schreiben uns jetzt sehr ordentliche Briefe; vielleicht nicht ganz so lustig, als da ich mit Beckchen zusammensaß, und eine der andern immer zu tollerem Zeuge die Feder aus der Hand nahm, aber vernünftig über ordentliche Gegenstände. Mir ist es ganz recht, wenn es dabei bleibt.

Die ganze vorige Woche konnte ich Dir nicht schreiben, weil ich sehr fleißig Dein Rondo brillant einstudirt habe. Dies ist nun gestern, Sonntag Vormittag, mit doppeltem Quartett u. Contrabaßbegleitung vom Stapel gelaufen, unter allgemeinem Beifall, u. ich war toll genug, es, obgleich sehr unwohl, hustend, u. matt wie eine Fliege, zweimal zu spielen, solche Lust hatte ich daran. Ich habe eine Arie für den Sopran gemacht, die würde Dir in Bezug auf Form u. Modulation besser als mein Quartett gefallen, sie hält sich ziemlich streng, u. zwar hatte ich sie fertig, ehe Du mir darüber schriebst. Ich habe nachgedacht, wie ich eigentlich gar nicht excentrische oder hypersentimentale Person zu der weichlichen Schreibart komme? Ich glaube, es kommt daher, daß wir gerade mit Beethovens letzter Zeit jung waren, u. dessen Art u. Weise, wie billig, sehr in uns aufgenommen haben, u. die ist doch gar zu rührend u. eindringlich. Du hast das durchgelebt u. durchgeschrieben, u. ich bin drin stecken geblieben, aber ohne die Kraft, durch die Weichheit allein bestehn kann u. soll. Daher glaube ich auch, hast Du nicht den rechten Punkt über mich getroffen oder ausgesprochen.

Es ist nicht sowohl die Schreibart an der es fehlt, als ein gewisses Lebensprinzip, u. diesem Mangel zufolge sterben meine längern Sachen in ihrer Jugend an Altersschwäche, es fehlt mir die Kraft, die Gedanken gehörig festzuhalten, ihnen die nöthige Consistenz zu geben. Daher gelingen mir am besten Lieder, wozu nur allenfalls ein hübscher Einfall ohne viele Kraft der Durchführung gehört.

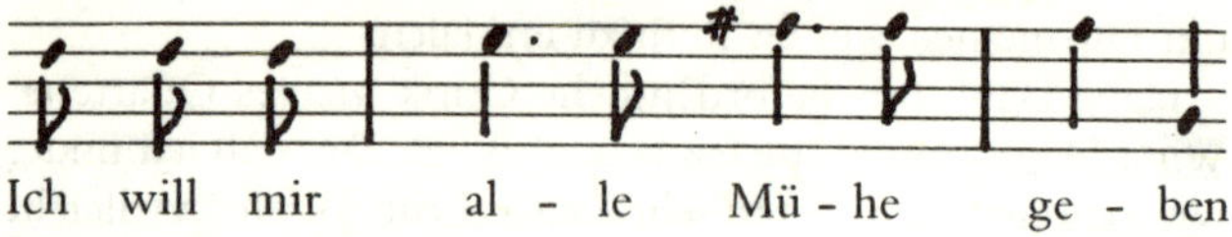

(. . .)

Kommentar zu Brief 28

Ach Gott vom: Ach Gott, vom Himmel sieh darein. – Fünfte der fünf »Kantaten für Soli, Chor und Orchester« (ohne Opuszahl, Manuskript) von Felix Mendelssohn Bartholdy.

Christe Du Lamm Gottes: Erste der fünf Kantaten (w. o., ohne Opuszahl, Manuskript.) Fannys Ratschläge wurden von Felix offenbar nicht befolgt. Die Werke wurden nicht gedruckt.

Weihnachtsmusik: »Vom Himmel hoch.« Dritte der fünf Kantaten (w. o.).

meines Quartetts: Fannys Streichquartett in Es-Dur, Autograph (26. 8. – 23. 10. 1834) MAMs. 43

Rondo brillant: Felix' Rondo brillant für Klavier und Orchester Es-Dur op. 29.

Arie für den Sopran: Ein solches Werk von Ende 1834 bzw. Anfang 1835 konnte weder bei Elvers noch bei Sirota nachgewiesen werden. Jedoch soll sich ein großer Teil der um 1834 entstandenen Werke in Familienbesitz befinden (vgl. Sirota, Fanny S. 76).

Die Briefe an den Bruder
IV Nach Leipzig, Frankfurt und Berlin

(1835–1845)

»Hochgeehrter Herr und Freund!

Hierbei erfolgt das Musikstück, durch welches ich, Ihrem freundlichen Verlangen zufolge, den kühnen Versuch machen will, mich zu der Würde eines Mitgliedes Ihres Vereins aufzuschwingen. Verzeihen und rügen Sie alle darin vorkommenden weiblichen u. dilettantischen Pferdefüße, ein Dilettant ist schon ein schreckliches Geschöpf, ein weiblicher Autor ein noch schrecklicheres, wenn aber Beides sich in einer Person vereinige, wird natürlich das allerschrecklichste Wesen entstehn.«

Fanny Hensel an Franz Hauser, Berlin, d. 24. 11. 1843.

Felix Mendelssohn Bartholdy, Gemälde von Eduard Magnus, um 1840

Zeittafel

1835 August: Felix zieht als künftiger Leiter der Leipziger Gewandhauskonzerte nach Leipzig.
Fanny erkrankt in Boulogne an einer Augenentzündung und trifft mit Heine und Carl Klingemann zusammen.
27. September: Hensels kehren nach Berlin zurück.
4. Oktober: Wilhelm Hensels Mutter stirbt in Berlin.
19. November: Abraham Mendelssohn Bartholdy stirbt in Berlin.
7. Dezember: Zwischen Fürth und Nürnberg wird die erste deutsche Eisenbahn in Betrieb gesetzt.

1836 Das Berliner Kammergericht verurteilt 192 Studenten wegen Teilnahme am Hambacher Fest und am Sturm auf die Frankfurter Hauptwache zum Tode bzw. zu langen Haftstrafen.
8. März: Felix erhält die Ehrendoktorwürde der Universität Leipzig.
Mai: Fanny, Paul und Albertine reisen zum niederrheinischen Musikfest nach Düsseldorf, wo Felix sein Oratorium »Paulus« dirigiert. Fanny hört zum ersten Mal die 9. Symphonie von Beethoven.
Juli: Fanny schickt einige Klavierstücke an Klingemann in England und hofft, dort ein Publikum für ihre »kleinen Sachen« zu finden.

1837 Januar: Der Verleger Schlesinger publiziert gegen Felix' Willen Fannys Lied »Die Schiffende« in einem »Album«.

13. Februar: Das Bankhaus Paul Mendelssohn-Bartholdy wird in Hamburg gegründet (bis 1887).
28. März: Felix heiratet Cécile Jeanrenaud in Frankfurt.
April: Fanny erleidet eine Fehlgeburt.
2. Juni: Felix erklärt Lea, daß er eine Publikation von Fannys Kompositionen nicht unterstützen möchte.
November: Fanny besucht Felix und Cécile in Leipzig und sieht ihre Schwägerin zum ersten Mal.

1838 7. Februar: Geburt von Felix' erstem Kind Carl Wolfgang Paul in Leipzig.
27. Februar: Fanny tritt zum ersten und einzigen Mal als Pianistin öffentlich auf.
9. April: Paul tritt als Teilhaber in das Berliner Bankhaus Mendelssohn und Comp. ein.
27. Mai: Wilhelm Hensel reist nach England.
28. Juni: Hensel erlebt die Krönung Queen Victorias und erhält Gemäldebestellungen von ihr.
17. September: Hensel kehrt wegen einer Masernepidemie vorzeitig aus England zurück.
November: Rebecka Dirichlets jüngster Sohn stirbt im Alter von 13 Monaten.

1839 Juli/August: Fanny und Hensels Schwester Minna begleiten Rebecka zur Erholung nach Heringsdorf.
4. September: Hensels brechen von Leipzig aus nach Italien auf.
10. September: Eintreffen in München. Fanny lernt die Pianistin und Komponistin Delphine Handley kennen.
Sept./Oktober: Fortsetzung der Reise über den Comer See und Mailand nach Venedig.
2. Oktober: Geburt von Felix' zweitem Kind Marie in Leipzig.
November: Hensels reisen über Florenz nach Rom.

1840 Januar: Fanny besucht die Casa Bartholdy, das Palais ihres verstorbenen Onkels Jacob Bartholdy, in Rom.

Februar: Hensels erleben den römischen Karneval.
April: Fanny knüpft enge Kontakte zu den Künstlern der Villa Medici in Rom. Sie erlebt die Passionszeremonien in der Sixtina und die Ostermontagsmesse in St. Peter. Freundschaft mit dem jungen Komponisten Charles Gounod.
Mai: Konzerte, Gesellschaften und Ausflüge in Rom und Umgebung.
1. Juni: Abreise von Rom in Richtung Neapel.
7. Juni: Tod Friedrich Wilhelms III. von Preußen. Nachfolge durch Friedrich Wilhelm IV.
Juli: Ausflüge nach Pompeji und auf den Vesuv
Wilhelm Hensel reist zu Studienzwecken nach Sizilien
Fanny erhält in Neapel den Besuch von Gounod
21. Juli: Hensel kehrt aus Sizilien zurück.
10. August: Antritt der Rückreise über Genua und Airolo.
September: Fahrt durch die Schweiz und Elsaß-Lothringen.
Rückkehr nach Berlin.
Dezember: Fanny arbeitet an einer Vertonung der Nibelungen-Sage. Felix greift diese Idee für eigene kompositorische Pläne auf.

1841 18. Januar: Geburt von Felix' drittem Kind Paul in Leipzig.
1. Juli: Felix wird zum Königlich Sächsischen Kapellmeister ernannt.
August: Fanny schreibt eine Sammlung von Charakterstücken »Das Jahr«.

1842 28. Februar: Aufgrund einer königlichen Order wird eine Reform der preußischen Ehegesetzgebung angestrebt. Der Entwurf sieht für die »Bestrafung« des schuldigen Ehegatten Gefängnis- oder Festungshaft vor, wobei das Strafmaß für die Frau doppelt so hoch sein soll wie für den Mann.
20. Oktober: Der Entwurf wird unter der Redaktion

Karl Marx' in der »Rheinischen Zeitung« veröffentlicht und bringt Preußen an den Rand einer Staatskrise. Die Pressezensur wird verschärft.

12. Dezember: Lea Mendelssohn Bartholdy stirbt in Berlin.

1843 1000-Jahr-Feier des Deutschen Reiches unter dem Vorsitz Friedrich-Wilhelm IV. von Preußen.

21. Februar: Hensels fahren nach Leipzig, um eines von Felix' Gewandhauskonzerten zu hören. Bekanntschaft mit Hector Berlioz und Clara Schumann.

April: Charles Gounod besucht Hensels in Berlin.

3. April: Das von Felix gegründete Leipziger Konservatorium wird eröffnet.

1. Mai: Geburt des vierten Kindes, Felix, in Leipzig.

Sommer: Hensel reist erneut nach England.

27. Juli: Fanny bemerkt Anzeichen von Taubheit in den Händen und begibt sich in ärztliche Behandlung.

September: Wilhelm Hensel kehrt aus England zurück. Fanny komponiert eine große g-Moll-Sonate für Klavier.

Oktober: Fannys Sonntagsmusiken werden nach anderthalbjähriger Unterbrechung wieder aufgenommen.

25. November: Felix zieht vorübergehend nach Berlin.

1844 September: Rebecka Dirichlet erkrankt in Italien an Gelbsucht.

30. November: Felix reist von Berlin zu Frau und Kindern nach Frankfurt.

Dezember: Fanny erfährt, daß Rebecka schwanger ist und beschließt, nach Italien zu reisen. Der Reiseantritt wird durch Attacken starken Nasenblutens verzögert.

1845 2. Januar: Hensels brechen über Leipzig nach Italien auf, um Rebecka zu pflegen.

19. Januar: Hensels treffen in Florenz ein. Wilhelm reist von dort allein nach Rom weiter.

14. Februar: Rebeckas Tochter Flora kommt vorzeitig, aber gesund zur Welt.
15. März: Fanny und Sebastian Hensel reisen nach Rom und finden Wilhelm schwer krank vor.
20. Mai: Hensels treffen gemeinsam wieder in Florenz ein.
15. Juni: Hensels reisen mit Rebecka und den Kindern zum Familientreffen in Freiburg i. Br. und Bad Soden.
2. August: Heimkehr nach Berlin.
August: Felix zieht mit seiner Familie wieder nach Leipzig.
19. September: Geburt seines fünften Kindes, Lili.

1846 Frühjahr: Der junge Referendar Robert von Keudell ermutigt Fanny, zu publizieren und zu komponieren. Die Verleger Schlesinger und Bote und Bock machen ihr Angebote.
12. August: Felix gratuliert halbherzig zum Entschluß, Kompositionen zu veröffentlichen.
Fanny beginnt mit der Komposition ihres großen Klaviertrios in d-moll.

1847 Januar: Die ersten Rezensionen ihrer gedruckten Werke erscheinen.
24. Februar: Februarrevolution in Paris. Gründung der zweiten französischen Republik.
Mai: Fanny erleidet eine neue Attacke heftigen Nasenblutens.
14. Mai: Eine lobende Kritik ihrer »Gartenlieder« erscheint in der »Neuen Zeitschrift für Musik«.
Während der Probe zu einer Sonntagsmusik versagen ihre Hände den Dienst. Sie verliert die Sprachfähigkeit, das Bewußtsein, und stirbt.

Wilhelmine (Minna) Hensel, Zeichnung von Wilhelm Hensel, 1820

29. An Felix in Leipzig

Boulogne s.m. 15ten August ⟨1835⟩

Dir liebes Felixchen, der Du ein halbes Meerthierchen, u. ein halber Engländer bist, will ich vom Meer aus, u. im Angesicht Englands zuerst schreiben. Wir haben ein Paar sehr uncomfortable Tage zugebracht, mit schlechtem Wetter (bei Sturm u. Regen haben wir unsre Seebäder angefangen) Wirtshausverdrießlichkeiten, Hensel mit Magenkrampf, u. wir Alle mit Angst um Euch, denn erst gestern, den 14ten, habe ich beide Briefe aus Berlin vom 2ten und 4ten zugleich erhalten, was mir unbegreiflich ist. Richte Dich danach, lieber Felix, wenn wir uns wegen der Rückreise bereden, auf 10–12 Tage mußt Du rechnen. Gott sey Dank, daß die Eltern glücklich wieder angekommen sind, sage mir doch lieber Felix, ein Wort über Vaters Augen, auf welchem Punkt die jetzt stehn. Was ihr uns über Berliner Unruhen schreibt, hat uns in das höchste Erstaunen versetzt, indessen hoff ich, daß sie ohne Folgen werden geblieben seyn, wo weder politische, noch religiöse Beweggründe da sind, kann man wol nichts Ernsthaftes fürchten. Wir liefen gleich hinüber in das Badeetablissement, den einzigen Ort, wo man Zeitungen lesen kann, wenn man so glücklich ist, welche zu erwischen, u. fanden wirklich im temps 400 Verwundete, ein gestürmtes Schloß, u. eine so schreckliche Schilderung, daß wir herzlich froh waren, Euren Brief vorher gelesen zu haben. Die Örtlichkeiten übrigens ganz richtig angegeben. (...) 8 Tage nach dem 28sten haben wir den Leichenzug gesehn, der durch ein junges Mädchen eröffnet, u. durch einen Marschall von Frankreich geschlossen, ungemein rührend und eigenthümlich war. Die ungeheuren Militairmassen u. die aufgefahrenen Kanonen erinnerten auf traurige Weise an den Ursprung dieser Feierlichkeit, u. an die stets vorhandenen Befürchtungen.

Ich möchte wol hören, was Ihr in Berlin über das Preßgesetz streitet, ich fürchte sehr, sie richten sich damit zu Grunde. Wir waren in jenen entscheidenden Tagen fast täglich im Broglieschen Hause, u. es war mir interessant u. schmerzlich die dort vorwaltenden Meinungen zu hören. So wie ein Jeder der Verwundeten empfindlich u. persönlich im eigentlichsten Sinn getroffen war, so suchte er auch leider die öffentliche Sache zu einer persönlichen zu machen. Es schien mir sehr unklug, in einem Augenblick, wo alle Feinde der Regierung außerordentliche Maaßregeln erwarteten, dieselben wirklich eintreten zu lassen, u. ich glaube es wäre grandioser u. klüger zugleich gewesen, der Gerechtigkeit ihren Lauf zu lassen, u. nicht die Presse in einem Augenblick zu unterdrücken, wo sie doch nicht unmittelbar gefehlt hatte. England existirt doch mit größeren Freiheiten. Ueberhaupt geht das Verbieten u. Regieren hier in manchen Punkten so weit, wie nur irgend in absoluten Staaten. Zum Beispiel muß man hier in Boulogne, um eine Spatzierfahrt auf dem Meere zu machen, 2 Erlaubnißscheine haben, ja es gehört eine besondere Erlaubniß dazu, sich einen Eimer Meerwasser holen zu lassen, wie ich von Mrs. Austin weiß, welche sich an die Behörde wenden muß, um ihrem Mann im Hause Seebäder machen zu dürfen. Die ist nun ganz außer sich über diese Quälereien. Leider ist sie in diesem Augenblick ganz u. gar beschäftigt mit ihrer Einrichtung, ich hoffe sie mehr zu sehn, wenn sie fertig seyn wird, sie ist uns sehr freundlich, u. gefällt mir ihres ernsten tüchtigen Wesens wegen ungemein.

(. . .) Obwohl wir uns einige Tage lang sehr haben herumquälen müssen, bin ich doch froh, daß wir uns selbst die Wohnung ausgesucht haben, schwerlich hätte Jemand anders die Lage so unsern Wünschen gemäß aufgefunden. Wir haben Hafen u. Meer dicht vor der Thür, alle aus- u. einlaufende Dampfschiffe u. zahlreiche Fahrzeuge aller Art müssen bei uns vorüber, die englische weiße Küste, u. die schwarzen Thürme von Dover können wir mit bloßen Augen von unsern Fenstern aus sehn, u. unmittelbar hinter dem Hause erhebt sich ein Berg, an dem die Stadt terrassenförmig aufsteigt, u. von wo aus man eine der schönsten Aussichten hat, die ich je sah. Bekannte haben wir gar nicht hier gefunden, daß Mme. Beer hier wäre, haben wir erst aus Eurem Brief erfahren, u. sie gleich gestern Abend aufgesucht, aber nicht getroffen. Wir führen ganz im Gegensatz von Paris hier ein sehr ruhiges aber sehr gesundes einförmiges Leben. Baden, Spatzierengehn, Essen (ich vertilge viel engl. Käse) früh Schlafengehn, das sind unsre Beschäftigungen, wozu Du noch viel aus dem Fenster sehn, u. vor der Thür sitzen rechnen mußt. Zu der Thätigkeit, in den Salon zu gehn, u. dort nach einer Zeitung zu angeln, erheben wir uns selten, dazu muß man sich erst putzen. Wo ist unser Pariser vis à vis Lesecabinet, wo man für 2 sous täglich jede politische Meinung auf seiner Stube erfahren konnte!

Luise ist göttlich, zu behaupten, sie habe 7, u. wir 3 mal geschrieben. (...) Die Briefe, die sie über 3 geschrieben hat, will ich essen, nach dem Bade, wo ich alles vertilge. Dagegen hat Minna gestern mit einiger Mühe 7 Briefe gerechnet, die sie seit Schöneberg geschrieben haben will. Mich würde immer der Vorwurf nicht treffen, denn ich habe in allem Pariser trouble immer Zeit zu langen Briefen an Euch gefunden, ebenso gut hätte Minna auch an ihre Mutter schreiben können. Sie ist aber zu beschäftigt mit ihren Fortschritten im Franz., von denen sie gestern eine eklatante Probe abgelegt hat. Sie kam ganz stolz aus der Küche, u. sagte, das ganze Haus sey zusammen gekommen, sie zu verstehn, sie habe gesagt: deja un lumière moi (soll heißen: noch ein Licht für mich.) Wirklich kam einen Augenblick darauf der Bediente, u. brachte einen großen Topf heiß Wasser. (...) Lebt wohl, wie freue ich mich auf zu Hause! Liebe Mutter, wie sieht es in meiner Wohnung aus?

P. S.:

Seb. ist munter u. bädet wie ein Fischchen, er wollte selbst schreiben, darum habe ich nichts von ihm gesagt, nun hat er sich anders besonnen.

Eltern glücklich wieder angekommen: Vom Niederrheinischen Musikfest in Köln, das unter Felix' Direktion im Juni stattgefunden hatte. Lea hatte kurz vor der Rückreise nach Düsseldorf einen leichten Schlaganfall erlitten.

Vaters Augen: Bei Abraham war inzwischen Star diagnostiziert worden, an dem er fast völlig erblindete. Er unterzog sich 1835, im Jahr seines Todes, verschiedensten Behandlungen und einer Operation.

Berliner Unruhen: Die Auswirkungen der Juli-Revolution hatten in Deutschland zu einem Höhepunkt der Restaurationspolitik und damit zu Unruhen in allen Teilen des Landes geführt. Lea berichtete darüber ausführlich an ihre Tochter Rebecka (Hensel, Familie I, S. 426):
»Ich hoffe, unsre abgeschmackte Rebellion vom 3. August und folgenden Tage soll Dich (...) nicht mehr affiziert haben als uns. Das schönste Resultat ist folgende Poesie der Straßenjungen:
Heil Dir im Siegerkranz,
Heut' bleibt keene Scheibe janz.
Es ist leider viel unschuldig Blut geflossen, denn obschon die Staatszeitungsdarstellung wahr gewesen, daß die mit Steinen geworfenen Soldaten nicht *geschossen*, so haben sie, was mit Stillschweigen übergangen, *gehauen* (...) Wie viel es im ganzen waren und ob's auch Tote gegeben, weiß man durchaus nicht offiziell,

nach unserem schönen Prinzip, nichts der Art zu veröffentlichen, und so hat Fama gut Spiel und nimmt ihr loses Maul desto voller. Es soll jemand dem Könige das Pariser Mittel, Aufläufe durch Spritzen zu zerstreuen, vorgeschlagen und er gesagt haben: ›werden gewiß nicht in gutem Zustande sein‹. Ich finde das sehr komisch.«

nach dem 28sten: Am 28. 7. 1835 war Marschall Edouard Mortier, Herzog von Treviso (geb. 1768) einem Attentat aus Anlaß einer Feier für die Juligefallenen zum Opfer gefallen. Mortier war zu der Zeit Kriegsminister und Ministerpräsident. Der Anschlag hatte eigentlich König Louis Philippe gegolten und wurde von einem Korsen namens Fieschis ausgeführt.

Preßgesetz: Zu den restaurativen Maßnahmen in Preußen gehörten auch schärfste Zensurbestimmungen.

Broglieschem Hause: Broglie, eigentlich Broglio oder Broglia, alte piemontesische Familie, seit dem 17. Jahrhundert in Frankreich. Hensels waren wohl Gäste von Achille Charles Léonce Victor Herzog von Broglie (1785–1870), dem damaligen Minister des Auswärtigen, der mit der religiösen Schriftstellerin Albertine de Broglie, einer Tochter von Madame de Staël, verheiratet war.

Mrs. Austin: Sarah Austin (1793–1867), englische Schriftstellerin und Übersetzerin. Sie war mehrfach zu Gast in Berlin und von Hensel porträtiert worden. Ihr verdanken wir auch einen Nachruf auf Fanny in: Fraser's Magazine, April 1848.

Mme. Beer: Amalie Beer, geb. Lippmann (1772–1854), Mutter Giacomo Meyerbeers. – Fannys Bericht, sie hätte in Boulogne keine Bekannten gefunden, steht in Widerspruch zu der Tatsache, daß sie dort mit Heine und Klingemann zusammentraf. (Vgl. Hensel, Familie I, S. 430)

nach einer Zeitung zu angeln: Heinrich Heine hatte dieses Lesezimmer ebenfalls aufgesucht und verscheuchte einige Engländerinnen, die sich dort laut unterhielten, mit der Bemerkung: »Meine Damen, wenn Sie mein Lesen im Sprechen stört, kann ich ja auch wo anders hingehen.« (Hensel, a.a.O.)

an ihre Mutter: Louise Johanne Hensel, geb. Trost (1764–1835), Mutter der Geschwister Hensel. Verbrachte von 1831 an ihre letzten Lebensjahre in Berlin.

30. An Felix in Leipzig

〈*Berlin, d. 31. Dezember 1835*〉

Mein lieber Felix, ich weiß Dir wenig zu sagen, denn wenn auch ich hinzufüge, daß mir noch fast kein Abschied so schwer geworden ist, so bin ich erst die Dritte, die es sagt, u. es ist doch darum nicht weniger wahr. Als ich hinüberkam, fand ich Sebastian noch in Thränen um Dich. Er ist jetzt, bis auf einen Rest Husten, sehr wohl, schläft u. ißt eben mit vielem Appetit sein Mittagsbrodt. Ich fühle es seit dem Unglück immer tiefer, daß wir nicht zusammen leben. Man hofft u. projektirt, u. mit einem Mal ists aus. Der Gedanke war mir nie so nah gekommen. Nun ists schon im 7ten Jahr, daß wir nicht mehr dauernd zusammen sind. Könnt es doch anders seyn! Bis dahin bin ich immer noch mit Leipzig am zufriedensten, wo man sich wenigstens in einem Tage erreichen kann. Leb wohl, mein Alter. (...)

Deine Fanny.

Kommentar zu Brief 30

seit dem Unglück: Tod Abraham Mendelssohn Bartholdys am 19. 11. 1835. Felix war zum Begräbnis nach Berlin gekommen, um danach wieder seinen neuen Pflichten als Leiter der Gewandhauskonzerte in Leipzig nachzugehen.

Cécile Mendelssohn, geb. Jeanrenaud, Gemälde von Eduard Magnus

31. An Felix in Leipzig

⟨Berlin, März 1838⟩

Felix, vergiß meinen Bach nicht, und dann höre mal (Cécile, Albertine, Paul, wer wird ihn erinnern?), hast Du die neuen Moschelesschen Etuden und willst sie mir durch Paul schikken und sie Dir dann selbst wieder abholen? Ich werde Dir sehr verbunden sein dafür. Über Deine hiesigen Wohnangelegenheiten bekommst Du nächstens einen eigenen Brief. Die sieben Städte Griechenlands streiten sich um Dich, und die freundlichen Schwestern sind im Begriff, feindliche Brüder Deinetwegen zu werden, Du sollst hören und erfahren. Lieber Felix, komponiert habe ich diesen Winter rein gar nichts, musiziert freilich desto mehr, aber wie einem zu Mut ist, der ein Lied machen will, weiß ich gar nicht mehr. Ob das wohl noch wieder kommt, oder ob Abraham alt war? Was ist übrigens daran gelegen? Kräht ja doch kein Hahn danach und tanzt niemand nach meiner Pfeife. Wirst Du denn die Leute beglücken und ihnen einmal was hier vorspielen am Sonntag? oder soll ich meine Bude so lange schließen? Kinder, wie freue ich mich auf Euch! Der Garten wird dann auch schon hübsch sein, und so Gott will, führen wir ein lustig Leben. – Adieu, Geschwistervolk, alles grüßt Euch und hat Euch lieb.

Cécile: Mendelssohn Bartholdy, Cécile, geb. Jeanrenaud (1817–1853), seit März 1837 mit Felix verheiratet.

hiesigen Wohnangelegenheiten: Am 7. 2. 1838 war Mendelssohns erstes Kind, Carl Wolfgang Paul, geboren worden. Im April sollte die Familie nach Berlin reisen, um dort den Sommer zu verbringen.

32. An Felix in Frankfurt

Berlin den 10ten August ⟨*1839.*⟩

Ich will wiederholen, lieber Felix, daß wir Alle gesund u. wohl wieder hier sind, Rebecka ganz besonders, die ist aufgegangen, wie ein Kuchen, u. hat sich alle Kleider in Heringsdorf ändern müssen. Sonst aber bin ich eigentlich verdrießlich, u. zwar, weil Du uns nur sechs Tage giebst, um Dich zwischen einer Reise, u. der andern in Leipzig zu treffen, u. weil es doch, bei einer Wanderung, wie die Unsrige, ein bischen schwer ist, das gerade abzupassen. Ich dachte, noch vor dem ganz musiklosen Winter, der mir bevorsteht, mich etwas mit Musik zu stopfen bei Dir, Vorrath zu mir zu nehmen wie die Kamele Wasser, daran ist nun aber wieder einmal nicht zu denken, denn wenn wir Dich auch allenfalls treffen, so ist es in Hetze, u. ich muß mich durch Carlchens Musik entschädigen lassen, den Du doch wol nicht mit aufs Fest nimmst, u. mit dem ich mich zu unterhalten denke, während mein Mann seine neuen Kunststudien beim Zipfel Dresden anfängt. Sein Bild für Sutherlands ist fertig, u. es hängt nur noch an dieser u. jener Vorbereitung, so machen wir uns auf den Weg. Sollte es mir nicht so gut werden, Euch zu treffen, so werde ich meinen Namen auf Eure Wände in Leipzig schreiben, (Cécile würde mir sehr dankbar dafür seyn) wie Minna den ihrigen auf die Buchen in Heringsdorf, aus Sentimentalität. –
Das Verhältniß der Badebevölkerung in Heringsd. war etwa Folgendes: 90 Frauen, 100 Kinder, u. 3 Männer, worunter wenigstens 4 fürstliche Bedienten. Daß es in dieser ganzen weibernen Colonie, von denen ein guter Theil täglich mehrere Male zusammenkam, keine kleinste Klatscherei gegeben hat, gereicht doch dem schönen Geschlecht zu hoher Ehre.

(. . .)

Adieu, liebe Kinder, lebt wohl, kommt glücklich nach Leipzig zurück, ich hoffe, auf baldiges Wiedersehn.
Eure Fanny.

Kommentar zu Brief 32

Heringsdorf: Rebeckas jüngster Sohn war im November 1838 im Alter von 13 Monaten gestorben. Rebecka erkrankte daraufhin an »nervösen Gesichtsschmerzen« (Hensel, Familie II, S. 65) und wurde 1839 zur Erholung in das Ostseebad Heringsdorf geschickt. Fanny und Minna Hensel begleiteten sie.

zwischen einer Reise, u. der andern: Das Niederrheinische Musikfest in Düsseldorf (Mai–August) und das Musikfest in Braunschweig (6.–8. Sept.) – beide von Felix geleitet – sind gemeint. Zwischen beiden Festen sollten Hensels einen kurzen Besuch bei Felix in Leipzig machen und von dort ihre große italienische Reise antreten.

Bild für Sutherlands: Während seiner ersten Reise nach England (1838) hatte Wilhelm Hensel von der Herzogin von Sutherland Bestellungen auf ein Gemälde erhalten. 1839 arbeitete er intensiv an diesem Bild. Es hieß »Eine israelitische Hirtin im Lande Gosen«. (Hensel, Bildnisse, S. 18).

33. An Felix in Frankfurt.

München, den 8ten Januar 1845

Lieber Felix, vorgestern sind wir glücklich und gesund hier angekommen, und haben zu unserm großen Trost gute Nachrichten von Dir und Rebecka vorgefunden. Schleinitz, den wir in Leipzig sprachen, hatte uns geängsstigt durch Erzählung dessen, was Du ihm über das Kind geschrieben, so daß wir die Reise in großer Sorge um Euch zurücklegten. (. . .) Wir werden Dirichlets gegenüber wohnen, in demselben Hause, in dem Kaselowsky seine Arbeitsstube hat. Bis hierher sind wir ohne sonderliche Beschwerlichkeit gelangt, das Wetter war uns günstig, am Unangenehmsten fand ich das Fahren im Dunkeln, wir konnten 3 Tage lang erst um 11 einkehren, u. da es um 5 schon stockfinster ist, so werden die übrigen Stunden unerträglich lang. Von hier aus werden wir kleine Tagereisen nehmen, um im Gebirge nicht zu spät Nachts zu fahren, übrigens erhalten wir auch über die Fortsetzung des Weges die tröstlichsten Nachrichten, hier sind eine Menge Leute, die die Reise im Winter gemacht haben, u. Niemanden ist etwas Sonderliches dabei begegnet. Am 2ten oder höchstens 3ten Tage kommen wir über den Brenner. Hier werden wir uns ein Paar Tage noch aufhalten, Hensel muß das Handwerk grüßen, u. es ist wol der Mühe werth, sich nach 5 Jahren einmal wieder in München umzusehn, was hier Neues entstanden ist, obwohl ich Dir gestehn muß, daß die hiesige allerchristlichste Kunst Vieles hat, was mir sehr widerstrebt, allein es geht mir damit, wie nach Dahlmann, den Geschichtsschreibern der Elisabeth, man kommt doch halb wider Willen auf ihr Lob zurück, u. ich wollte uns einen Theil der eigensinnigen Energie wünschen, mit der hier Werke durchgeführt werden, die man bewundern muß, wenn sie Einem auch nicht immer gefallen. Ein prachtvolles Werk andrer Art, das wir auf dieser Reise haben kennen lernen, ist die Leipzig-Altenburger Eisenbahn, an der Alles schön, geschmackvoll, bequem u. zweckmäßig ist. Ueberhaupt, was Eisenbahnen für ein Reisemittel sind, das sieht man erst, wenn man, wie wir jetzt, sie abwechselnd mit den Pferden benutzt hat. In zehn Jahren wird man ohne Ermüdung u. ohne Kosten reisen.

(...)

Unser langer Bengel ist ein recht angenehmer Reisegefährte, wenn man auch mitunter Mühe hat, ihn an Ordnung mit seinen Sachen zu gewöhnen. Er steckt ganz in einem ungeheueren Fußsack, u. ist über die Maßen plaisirlich über die langen Ferien, die er vor sich hat, arbeitet in diesem Augenblick fleißig an den Aufgaben, die er von seinen Lehrern mitbekommen hat. Adieu, liebster Felix, herzliche Grüße von Hensel an Euch Alle. Von Florenz mehr.

Deine Fanny.

Kommentar zu Brief 33

Schleinitz: Heinrich Konrad Schleinitz (1802–1881), Jurist in Leipzig.

über das Kind: Mendelssohns Sohn Felix (geb. am 1. 5. 1843), der Ende November 1844 in Frankfurt schwer erkrankt war. Er erholte sich zwar nach einiger Zeit wieder, blieb aber dennoch kränklich und starb 1851, im Kindesalter.

Dahlmann: Friedrich Christoph Dahlmann (1785–1860), deutscher Historiker.

34. An Paul (und Felix) in Berlin.

Florenz den 13ten Febr. 1845

Liebe Geschwister! ich habe Euch unerwartet früh glückliche u. frohe Botschaft zu bringen, Rebecka ist gestern Abend nach 11 leicht und glücklich von einem gesunden, *sehr* lebendigen Mädchen entbunden worden, welches ganz vollständig u. niedlich, weder gelb von der Gelbsucht, noch schwach von dem Blutverlust, sondern so derb u. kräftig ist, daß sie den alten Doctor, als er sie badete, fest beim Ärmel faßte, sie hat große Augen, den ganzen Kopf voll schwarzer Haare, gar nichts anzuziehn, denn unsre Kiste ist bis jetzt nicht angekommen, nimmt Syrup u. Zuckerwasser, u. wird sich gleich die Brust schmecken lassen, da Rebecka versuchen will, sie anzulegen. Von der Wirthschaft hier, bei der gänzlich überraschenden Entbindung könnt ihr Euch kaum einen Begriff machen, u. hätte ich Zeit, müßte ich nicht eiligst eine Hemdenfabrik anlegen, so würde ich Euch Wunderdinge von der ersten Toilette des armen Bettelwürmchens erzählen. Unter anderm hat es als Mütze einen Ermel von einer Jacke von Dirichlet aufgehabt, der ihm hinten ellenlang herunterhing, die übrige Jacke war zerrissen, u. das arme Würmchen in die Lappen gewickelt, ein Dutzend Windeln, die ich mitgebracht, waren das Einzige Selige, was überhaupt hier in der Welt war. Heut früh nun hat meine Wirthin, eine sehr niedliche gefällige Frau, für den ersten Augenblick Rath geschafft, u. da wir bis jetzt noch keine Wärterin haben auftreiben können, so habe ich das Kind gewaschen und angezogen (sonst hätte es Kaselowsky gethan) u. bis diesen Abend wird Alles in der besten Ordnung seyn. Das Kind ist mir ein wahres Wunder, fertig, als wenn es ganz ausgetragen wäre (nach des Arztes Urtheil ist es volle 8 Monate), u. anscheinend voller Lebenskraft, nach all den unglaublichen Leiden, die die arme Rebecka erduldet. Jetzt ist sie so ruhig, wohl u. glücklich, daß ich nur Gott bitten kann, daß es so fort geht.

(. . .)

Verzeih, lieber Paul, diesen sehr konfusen Brief, ich bin von dem gestrigen Tage u. der Nacht, die ich bei Beckchen zugebracht, etwas verwirrt, u. habe schon eine Menge Briefe geschrieben. Unbeschreiblich froh bin ich, hier zu seyn, u. Rebecka scheint recht glücklich mich zu haben, u. da das Kind lebt, bin ich auch sehr froh, daß Rebecka sich nicht noch länger gequält hat. Lebt wohl, Ihr Lieben, heut hatten wir gewiß auf Briefe von Euch gehofft, u. sind wieder getäuscht worden. Küßt Paulinchen. Lieber Paul, ich werde abwechselnd Dir u. Felix Bulletins schicken.

Eure Fanny.

(. . .)

Kommentar zu Brief 34

Mädchen: Flora Dirichlet (1845–1912). – Nach Seb. Hensel (Familie II, S. 415) wurde Flora am 13. 2. 1845 geboren.

Paulinchen: Pauline Mendelssohn Bartholdy, geb. am 20. 5. 1844, Tochter von Paul und Albertine Mendelssohn Bartholdy.

35. An Albertine in Berlin.

Florenz den 17ten Februar ⟨*1845*⟩

Heut nur ein kurzes Bulletin, liebe Albertine, die Zeit ist mir unter den Fingern weggerannt, u. ich will Euch doch nicht länger warten lassen. Es geht, Gott sey Dank, über alle Erwartungen vortrefflich. Der Glaube der Aerzte, daß die Gelbsucht die Nerven stärke, scheint sich an Rebecka zu bestätigen, sie hat in diesen Tagen auch nicht einen Augenblick von Schwäche gehabt, u. heut haben wir sie umgebettet, was bei ihren früheren Wochenbetten nie ohne Ohnmacht vor sich ging, u. es hat sie gar nicht angefochten. Sie hat vortrefflichen Appetit, u. darf ihn stillen, ich glaube die Berliner Accoucheurs überschlagen sich dreimal, wenn sie hören, daß die erste Sorge, am frühesten Morgen nach der Entbindung, war, Kalbfleischbrühe zu schaffen, von der sie von 2 zu 2 Stunden, mit Semmel, mit Nudeln, oder Gries, oder Ei, zu trinken bekam. Ja in der ersten Nacht befahl der Arzt, da keine Brühe vorhanden war, daß sie zur Stärkung, Ei in heißem Wasser abgequirlt, trinken mußte. Darum glaube ich auch, ist sie so wenig angegriffen, bei uns lassen sie ja die armen Frauen halb todt hungern. Das Jucken, u. alle unbehagliche Empfindung ist seit der Entbindung gänzlich verschwunden, sie fühlt sich so wohl u. leicht u. glücklich, wie lange nicht. Das Kind nimmt sichtlich zu, wir haben eine prächtige Bauerfrau zur Amme, die wir hoffentlich werden behalten können, u. wenn nun in einigen Wochen Alles wieder im alten Gleise, das Kind getauft, u. Rebecka mit Gottes Hülfe wieder wohl ist, glaube ich den ersten Theil meiner Pflicht hier erfüllt zu haben, u. gehe mit Sebastian nach Rom zu meinem Mann, der sich entsetzlich nach uns sehnt, u. sehr unwohl war, da man ihm, um sein Zimmer, was keinen Camin hat, zu erwärmen, ein großes Kohlenbekken hineingesetzt hat, was er durchaus nicht ertragen kann,

u. was ihm in der Nacht fatale Zufälle herbeiführte. Gott sey Dank, es ging ihm wieder besser, u. er hatte angefangen, mit Lust u. Fleiß zu arbeiten. Daß mich schrecklich danach verlangt, mit ihm vereinigt zu seyn, kannst Du wohl denken, u. in dieser Beziehung ist es auch für uns ein wahres Glück, daß sie ihren Termin vorgerückt hat. Ist Hensel dann in Rom fertig, so kommen wir zurück, zu unserm Vergnügen werden wir nicht dort bleiben, u. wenn dann Gott giebt, daß wir Beckchen u. das Kind gesund nach Deutschland bringen, so können wir mit dem Erfolg unsrer Reise zufrieden seyn. (...) Grüß Minna, alle Mendelssohns, überhaupt Alles was nach uns fragt, u. gieb Felix Nachricht, dem ich dann in einigen Tagen wiederum schreibe. Kaselowsky grüßt bestens.

Eure Fanny.

Kommentar zu Brief 35

Accoucheurs: französisch für: Geburtshelfer.

36. An Felix in Frankfurt

Florenz den 4ten März 1845

Mein lieber Bruder und Musicus! Wir haben uns leider so viel Krankheits- u. Gottlob soviel Gesundheitsbriefe zu schreiben gehabt, daß es wol auch einmal wieder Zeit wäre, ans Handwerk zu denken. Gott! weiß ich denn, ob Du Deine 7te Transcription aus Robert le diable fertig hast? Oder welche Oper von Verdi (Donizetti ist bei uns in Italien veraltet) Deinen Genius jetzt am Meisten beschäftigt? Oder ob Du diesen Winter in Deinen Concerten mehr die Fantasie aus Lucia, oder den Walzer über den Choral aus den Hugenotten, dieser genialsten Erfindung Meyerbeers gespielt hast? Bin ich über das Alles aufgeklärt, namentlich auch darüber, ob Du vielleicht auch gelegentlich ein neues Trio schreibst? ich erlaube Dir, die Themas der Berliner Academie dazu zu benutzen; wenn Du es nicht vorziehen solltest, Dich einmal selbst in der Erfindung zu versuchen, so will ich Dir von meinen eignen Fortschritten in der Musik zu Erbauung u. Nacheifer erzählen. Ich bin noch gar nicht in der Oper gewesen, was man dabei lernt, das glaubst Du nicht! Ich habe die Absicht, die Kunst, die sich viel zu sehr von der Natur entfernt hat, wieder auf den ursprünglichen Weg zurück zu führen, u. studire deshalb mit großem Eifer die Aeußerungen der jüngsten Nichte. (...) Es ist dabei ein gewisses Murxen vorherrschend, ein mezzoforte welches sehr interessante Effekte bei der Uebertragung im Orchester verspricht. Wenn Berlioz die 50 Flügel placirt haben wird, die ihm nöthig scheinen, würde ich ihm rathen, an jeden eine Amme mit einem Wickelkinde zu setzen, die alle ein Paar Stunden vorher gehungert haben müssen, ich bin überzeugt, das Publicum, namentlich die Mütter der Kinder, würden sehr gerührt seyn. Was nun vollends meine Ausbildung im Technischen betrifft, so ist die ganz ungeheuer, ich habe mir in dem milden Himmelsstrich den rechten Zeigefinger erfroren, gerade da, wo er aufgesetzt wird, u. sage nun jedes mal autsch! wenn ich ihn brauche, u. auch das kann ich Dir als einen ganz neuen, u. sehr brauchbaren Effekt empfehlen.

Dabei fällt mir aber ein, daß ich Dir eigentlich etwas zu schreiben habe, u. zwar Folgendes: Hast Du Dich am 6ten März ganz Taufe gefühlt, so fange am 12ten wieder von vorn an, u. fühle noch einmal. Auf den Tag ist sie nun nämlich – so Gott es will – unwiderruflich bestimmt, u. meine Abreise nach Rom auf den 15ten. Nach allem Vorstehenden halte ich es fast für überflüssig, Dir noch besonders zu versichern, daß Mutter u. Kind sich des Wohlsten befinden, wenn ich nicht wüßte, daß Du die exacte Wissenschaft liebst, also, Beide sind in vortrefflichstem Wohlseyn, u. resp. Humor, u. erholen, erbleichen sich zusehends, indem die Eine ihre Röthe, die andre ihre Bräune mehr u. mehr verliert, Beiden schmeckt Essen u. Trinken, Beide nehmen zu, u. ich bin mit Beiden höchst zufrieden. Hoffentlich wird Dein nächster Brief auch schon etwas zuversichtlicher klingen, dem ersten, der vorgestern ankam, sah man noch die Besorgniß zwischen den Zeilen an.

(...) Was Ihr lieben Geschwister mir nun in der nächsten Zeit von Nachrichten zugedacht habt, das lasst nur über Florenz u. Beckchen gehn, die natürlich wissen wird, wie lange uns die Briefe in Rom treffen. Dort will ich noch Ostern mitnehmen, Alles meiner musikalischen Erziehung wegen, die ich diesmal durchaus poussiren muß, sehr viel trägt auch dazu die geistreich anregende Conversation eines Franzosen bei, der mit uns in einem Hause wohnt, von Profession Sprachlehrer, von Passion lutherischer Propagandist, u. dabei ein sehr lahmes musikal. Steckenpferd reitet. So oft er mich auf dem Corridor hört, singt er

u. wenn er bei uns Thee trinkt, frägt er, ob ich Don Juan liebe? worauf ich dann erwidere, mein lieber Monsieur, das frägt man nicht. Nun laß Dich aber im Ernst bitten, mir einen schönen musikalischen Brief zu schreiben, u. mich wissen zu lassen, wovon die Rede ist, (...) damit ich nicht gar zu strohdumm werde, was Einem leicht geschehn kann, wenn man das Glück hat, ein halb Jahr in Italien bleiben zu können, wie ich jetzt. Lebe nun wohl, bleibe gesund mit Deiner lieben Hälfte u. Deinen Vierteln, die ich mich sehr freue, wiederzusehen, u. bleibe mir gut.

Kommentar zu Brief 36

Robert le diable: Oper von Giacomo Meyerbeer.

Verdi: Giuseppe Verdi (1813–1901), italienischer Komponist.

Donizetti: Gaetano Donizetti (1797–1848), italienischer Komponist.

Lucia: Lucia di Lammermoor, Oper von Donizetti.

Hugenotten: Die Hugenotten, Oper von Meyerbeer. Die ganze Passage ist ironisch gemeint, da Felix und Fanny den genannten Komponisten ablehnend gegenüberstanden (vgl. z. B. Werner, Mendelssohn, S. 218).

Berlioz: Hector Berlioz (1803–1869), französischer Komponist. Fanny spielt auf dessen Vorliebe für Massenbesetzungen an.

37. An Felix und Paul in Frankfurt und Berlin.

Rom, den 26sten März 1845.

Meine lieben Geschwister, da Ihr die löbliche Gewohnheit angenommen habt, unsre Briefe Euch gegenseitig mitzutheilen, so werdet Ihr wol so freundlich seyn, es auch mit diesem zu thun, damit ich die Geschichte unsers bisherigen römischen Aufenthaltes nicht zweimal zu schreiben brauche. Ich bin nun seit zehn Tagen hier, wollte Euch aber nicht eher etwas hören lassen, bis ich es mit etwas leichtem Herzen könnte, u. dazu ist heut der erste Tag. Als ich ankam, fand ich Hensel in der ersten Genesung von einer entzündlichen Krankheit, die er in den letzten 8 Tagen, so lange ich nichts von ihm gehört, überstanden hatte, diese Krankheit war aber selbst nur der Ausbruch höchst fataler nervöser u. sehr bedrohlicher Leiden, die ihn fast so lange er in Rom war, geplagt, u. die er mir absichtlich verheimlicht hatte, um mich nicht in Florenz zu beunruhigen, oder zu früh von dort wegzunehmen. So sehr mich nun auch sein Anblick u. diese Nachrichten betrübten, so hatte ich doch in den ersten Tagen die Freude, ihn sich sichtbar erholen zu sehn, doch hat er dann wieder einige sehr leidenvolle Zeit gehabt, u. heut zuerst kann ich frei genug aufathmen, um Euch Nachricht zu geben, und Euch unser Leiden zu klagen, da wir uns doch unter einander gern Alles mittheilen, was uns bedrückt und erfreut. Der Nebenzweck, den wir für uns mit dieser Reise verbanden, ist auf diese Weise leider ganz gescheitert, da Hensel, anstatt hier rasch die Studien zu seinen gerade angefangenen Arbeiten zu machen, u. dann zu rechter Zeit zu uns nach Florenz zurückzukehren (. . .) nun schon über zwei Monate hier krank, mit allem möglichen äußern Ungemach, u. mit der größten Sehnsucht nach uns kämpfend, zugebracht hat. Wenn er indeß jetzt nur so rasch, wie es den Anschein hat, in der Besserung fortschreitet, will ich nicht klagen, um so weniger, als der Hauptzweck unsrer Reise doch glücklich erreicht ist, u. ich für Rebecka habe wirklich von Nutzen seyn können. Bei dieser ganzen sonderbaren Reise lag wirklich Alles außer der Berechnung, so zuerst das Glück, das wir gehabt haben, in diesem furchtbar strengen Winter gerade im Januar, der doch sonst der kälteste Monat ist, einige Wochen milden Wetters zu treffen, dann daß Beckchen, die sonst gewöhnlich mit ihrer Niederkunft 2–3 Wochen über die Zeit wartet, u. wo wir daher bis gegen Mitte April rechnen konnten, vor Mitte Februar schon niederkam; hätte sich das voraussehen lassen, so wäre ja Hensel natürlich nicht fortgegangen, u. hätte diese Zeit, von der er selbst sagt, sie sey die traurigste seines Lebens gewesen, in unsrer höchst behaglichen Florentiner Wirthschaft mit uns zugebracht, ohne so ängstlich hier für seine Arbeit zu sorgen, die er jetzt noch mit Muße u. Ruhe hätte fördern können, während so die ganze Zeit für Arbeit u. Erholung zugleich verloren gegangen ist, u. auch wol in der nächsten noch nichts wird geschehn können, als mit der größten Sorgfalt die gänzliche Befestigung seiner Gesundheit zu bewachen. Wenn dies, wie ich jetzt zuversichtlich hoffe, gelingt, will ich ganz froh u. zufrieden seyn, u. Gott von Neuem danken, der in diesem halben Jahre uns fünfmal bedrohlich angesehn, u. eben so oft die Gefahr wieder von uns abgewendet hat. Ganz unthätig ist er übrigens bei allen Leiden doch nicht gewesen, sondern hat sein Bild so ziemlich unter Farbe gebracht, so daß er bei wiederkehrenden Kräften doch noch hoffen kann, zu Ende damit zu kommen. Deine Bestellung an August Elsasser, lieber Paul, habe ich seinem Bruder gemacht, den wir (...) täglich, oft mehrere Mal des Tages sehn. Ihn selbst habe ich noch nicht sehn können, seine Gesundheit erlaubt ihm in diesem Augenblick nicht einmal, mich bei sich zu empfangen. Denke Dir doch was das für eine Existenz ist, den ganzen Winter nicht aus dem Zimmer zu kommen, keinen Menschen zu sehn, er lebt von Schlaf u. Arbeit, u. hat wirklich nur eben so viel Körper, um zu leiden

u. zu malen. Dabei ist er von der äußersten Reizbarkeit gegen alle physische u. moralische Luft von außen, man kann ihn nicht ansehn, ohne ihm im Innersten wohl oder weh zu thun, ich glaube, daß manche Eigenschaften seiner Bilder sich nur aus diesem krankhaften Gefühlsleben erklären lassen. (...)

Um nun aus der Poesie in die Prosa, u. aus der Kunst auf den Boden zu fallen, thut es mir sehr leid, daß die Hochgeborenen Wische den Vorschlag nicht dulden wollen, erstens Felixens Meubles wegen, zweitens weil Ihr Mühe davon gehabt habt, u. dann auch unsertwegen, die wir dann kein Winkelchen auf dem weiten Reich des Bodens unser nennen, indessen never mind, es wird sich Alles finden.

(...)

Und nun wird es wol Zeit seyn, daß ich anfange aufzuhören. In diesen Tagen wird wol die Unruhe in unserm Hause groß seyn, ich gestehe, daß ich dem Moment aus dem Wege gehe, wo die Wohnung der Eltern an fremde Leute übergeht, solche Abschnitte haben gar zuviel Schmerzliches. Schreibt mir doch auch, was aus Matusch wird, an den ein Briefchen von Sebastian beiliegt. Ueber den Jungen werdet Ihr Euch wundern, er wächst zusehends in die Länge u. Breite, u. so Gott will, bringen wir ihn als einen ziemlichen jungen Menschen mit. Er ist recht brav u. fleißig u. macht uns viel Freude. Nun lebt wohl, Ihr lieben Geschwister, lasst uns immer gute Nachricht hören, bis auf frohes Wiedersehn, u. grüßt alle Freunde.

Kommentar zu Brief 37

August Elsasser: Friedrich August Elsasser (1810–1845), deutscher Maler, seit 1832 in Italien. Starb verarmt an Lungentuberkulose.

Hochgeborenen Wische: Die Bedeutung dieser Anspielung ist ohne Kenntnis des vorausgegangenen Briefes von Felix bzw. Paul nicht mit Sicherheit auszumachen. Im Jahre 1845 wohnten außer den Hensels auf der Leipziger Str. 3: Philipp August Boeckh, Universitätsprofessor, der Gärtner Charles Auguste Clément, der Lehrer L. Matusch, Friedrich Graf von Pourtalès (vgl. Cullen, Baubiographie, S. 75 - 77). Demnach wird mit den »Hochgeborenen Wischen« die Familie des Grafen Pourtalès, Oberzeremonienmeister der Könige Friedrich Wilhelm III. und IV., gemeint sein. Pourtalès, der politisch konservativ bis reaktionär eingestellt war und von Varnhagen zum »Hofgesinde« und zur »Kamarilla« gerechnet wurde (Tagebücher Bd. 1, S. 278), war bereits im Herbst 1843 in Fannys Elternhaus eingezogen. Schon damals hatte sich Fanny über seinen »fürstlichen Haushalt« lustig gemacht (Hensel, Familie II, S. 309ff.).

Matusch: L. Matusch, Lehrer und Erzieher, wohnte von 1844 - 1845 auf der Leipziger Str. 3.

Im Kommentar verwendete Abkürzungen

Depos. Berlin	Depositum des Landes Berlin im Mendelssohn-Archiv der Staatsbibliothek Preußischer Kulturbesitz, Musikabteilung
DHA	Düsseldorfer Heine-Ausgabe, hrsg. v. Manfred Windfuhr, Hamburg 1973 ff.
FB	Familienbrief (Fannys Briefanteil)
GBO	Green Books, Oxford, Bodleian Library
BWV	Bachwerkeverzeichnis
MAMs.	Mendelssohn-Archiv, Manuskript

Literaturverzeichnis *

Binder, Franz: Luise Hensel. Ein Lebensbild nach gedruckten und ungedruckten Quellen, Freiburg i. Br. 1885.

Brunschwig, Henri: Gesellschaft und Romantik in Preußen im 18. Jahrhundert, Frankfurt/Berlin/Wien 1974.

Campe, Johann Heinrich: Väterlicher Rath für meine Tochter, Braunschweig 1789.

Cardauns, Hermann: Aus Luise Hensels Jugendzeit, Freiburg 1918.

Croner, Else: Die moderne Jüdin, Berlin 1913.

Crum, Margaret: Catalogue of the Mendelssohn Papers in The Bodleian Library, Oxford, Vol. I : Correspondence of Felix Mendelssohn Bartholdy And Others (= Musikbibliographische Arbeiten, hrsg. von Rudolf Elvers, Bd. 7) Tutzing 1980.

Cullen, Michael S.: Leipziger Straße 3. Eine Baubiographie. In: Mendelssohn-Studien 5, Berlin 1982, S. 9–72.

Dahms, Walter: Mendelssohn, Berlin o. J.

Devrient, Eduard: Meine Erinnerungen an Felix Mendelssohn Bartholdy und seine Briefe an mich (=Dramatische und Dramaturgische Schriften, Bd. 10) Leipzig 1872.

Devrient, Therese: Jugenderinnerungen, hrsg. von Hans Devrient, Stuttgart [5]1908.

Droysen, Johann Gustav: Briefwechsel 1829–1884, hrsg. von Rudolf Hübner, 2 Bände, Stuttgart/Berlin/Leipzig 1929.

Elvers, Rudolf (Hrsg.): Felix Mendelssohn Bartholdy. Briefe, Frankfurt/M. 1984.

Ders.: Fanny Cäcilia Hensel. Dokumente ihres Lebens, Berlin (=Staatsbibliothek Preußischer Kulturbesitz, Ausstellungskatalog Nr. 2) 1972.

* *Briefausgaben werden nach dem Autoren-Namen aufgeführt. Nur im Falle Felix Mendelssohns, wo auf verschiedene Editionen Bezug zu nehmen ist, gilt der Herausgebername als maßgebend.*

ders.: Verzeichnis der Musik-Autographen von Fanny Hensel im Mendelssohn-Archiv zu Berlin. In: Mendelssohn-Studien 1, Berlin 1972, S. 169–174.
ders.: Weitere Quellen zu den Werken von Fanny Hensel. In: Mendelssohn-Studien 2, Berlin 1975, S. 215–220.
Gilbert, Felix (Hrsg.): Bankiers, Künstler und Gelehrte. Unveröffentlichte Briefe der Familie Mendelssohn aus dem 19. Jahrhundert (=Schriftenreihe wissenschaftlicher Abhandlungen des Leo Baeck Instituts, Bd. 31) Tübingen 1975.
Goethe, Joh. W. von und *Zelter, Karl Fr.:* Briefwechsel, hrsg. von Friedrich Wilhelm Riemer, 6 Bände, Berlin 1833–1834.
dies.: Briefwechsel, hrsg. von Ludwig Geiger, 3 Bände, Leipzig o. J.
Greive, Hermann: Geschichte des modernen Antisemitismus in Deutschland, Darmstadt 1983.
Grimm, Jacob: Über Schenken und Geben. In: Kleinere Schriften II, Berlin 1865.
Grimm, Jacob und *Grimm, Wilhelm:* Deutsches Wörterbuch, Bd. IX, Leipzig 1899.
Grossmann-Vendrey, Susanna: Felix Mendelssohn und die Musik der Vergangenheit (= Studien zur Musikgeschichte des 19. Jahrhunderts, Bd. 17) Regensburg 1969.
Hensel, Sebastian: Die Familie Mendelssohn 1729–1847, 2 Bände, Berlin/Leipzig [10] 1921.
Hensel, Wilhelm: Preußische Bildnisse. Katalog der Nationalgalerie Berlin, hrsg. von Cécile Lowenthal-Hensel, Lucius Grisebach und Horst Ludwig, Berlin 1981.
Herz, Henriette: Jugenderinnerungen, Berlin 1896.
Hiller, Ferdinand: Briefwechsel, hrsg. von Reinhold Sietz, 7 Bände, Köln 1958ff.
Juden in Preußen: Ein Kapitel deutscher Geschichte, hrsg. vom Bildarchiv Preußischer Kulturbesitz, Dortmund [2]1981.
Krautwurst, Franz: Fanny Hensel. In: Die Musik in Geschichte und Gegenwart, Suppl., Sp. 658 - 662, Kassel 1974.
Kupferberg, Herbert: Die Mendelssohns, Tübingen 1977.

Lowenthal, Ernst G.: Juden in Preußen. Biographisches Verzeichnis, hrsg. vom Bildarchiv Preußischer Kulturbesitz, Berlin 1981.
Lowenthal-Hensel, Cécile: Mutter und Sohn. In: Die Mendelssohns in Berlin. Eine Familie und ihre Stadt (=Staatsbibliothek Preußischer Kulturbesitz, Ausstellungskatalog Nr. 20) Berlin 1983.
Mendelssohn, Fanny: Italienisches Tagebuch, hrsg. von Eva Weissweiler, Frankfurt/M. ²1983.
Mendelssohn Bartholdy, Albrecht: Felix Mendelssohn. Beitrag zur Geschichte seines Lebens und seiner Familie. In: Frankfurter Allgemeine Zeitung vom 31. 1. 1909.
Mendelssohn Bartholdy, Carl: Goethe und Felix Mendelssohn Bartholdy, Leipzig 1871.
Mendelssohn Bartholdy, Paul und *Carl (Hrsg.):* Felix Mendelssohn Bartholdy. Briefe aus den Jahren 1830 - 1847, Leipzig 1878.
Reumont, Alfred von: Aus König Friedrich Wilhelm IV. gesunden und kranken Tagen, Leipzig 1885.
Riehl, Wilhelm Heinrich: Die Familie, Stuttgart/Augsburg 1855.
Schumann, Clara und *Robert:* Briefwechsel. Kritische Gesamtausgabe, hrsg. von Eva Weissweiler. Bd. I, Basel/Frankfurt/M. 1984.
Singer, Hans Wolfgang: Allgemeiner Bildniskatalog, 14 Bände, Leipzig 1930–1936.
Sirota, Victoria Ressmeyer: The Life and Works of Fanny Mendelssohn Hensel, Boston University School for the Arts 1981.
Spiecker, Frank: Luise Hensel als Dichterin, Freiburg i. Br. 1936.
Sutermeister, Peter (Hrsg.): Felix Mendelssohn Bartholdy. Briefe einer Reise durch Deutschland, Italien und die Schweiz, Zürich 1958.
Varnhagen von Ense, Karl August: Tagebücher. 14 Bände, Leipzig/Hamburg 1861–1870.

Weber-Kellermann, Ingeborg: Die deutsche Familie. Versuch einer Sozialgeschichte, Frankfurt/M. [5]1979.
Wehmer, Carl (Hrsg.): Ein tief gegründet Herz. Der Briefwechsel Felix Mendelssohn Bartholdys mit Johann Gustav Droysen, Heidelberg 1959.
Weissweiler, Eva: Komponistinnen aus 500 Jahren. Eine Kultur- und Wirkungsgeschichte in Biographien und Werkbeispielen, Frankfurt/M. 1981.
Werner, Eric: Mendelssohn. Leben und Werk in neuer Sicht, Zürich 1980.
ders.: New Light on the Familiy Mendelssohn. In: Hebrew Union College Annual XXVI, Cincinnati 1955, S. 543ff.

Chronologisches Verzeichnis der veröffentlichten Werke Fanny Mendelssohns

1827 Das Heimweh, Italien, Suleika und Hatem. In: Zwölf Gesänge mit Begleitung des Pianoforte op. 8 (No. 2, 3 und 12) von Felix Mendelssohn Bartholdy. Berlin (Schlesinger) 1827.

1830 Sehnsucht, Verlust, Die Nonne. In: Gesänge und Lieder für eine Singstimme mit Begleitung des Pianoforte op. 9 (No. 7, 10 und 12) von Felix Mendelssohn Bartholdy. Berlin (Schlesinger) 1830.

1837 Die Schiffende, für Gesang und Klavier. In: Album. Berlin (Schlesinger) 1837.

1839 Schloss Liebeneck, für Gesang und Klavier. In: Rhein-Sagen und Lieder. Köln und Bonn (J. M. Dunst) 1839.

1846 Sechs Lieder für eine Stimme mit Begleitung des Pianoforte, Op. 1, Vol. I. Berlin (Bote und Bock) 1846.

1846 Vier Lieder für das Pianoforte, Op. 2, Vol. I. Berlin (Bote und Bock) 1846.

1847 Gartenlieder: Sechs Gesänge für Sopran, Alt, Tenor und Baß, Op. 3, Vol. I. Berlin (Bote und Bock) 1847.

1847 Six Mélodies pour le Piano, Op. 4, Vol. I. Berlin (A. M. Schlesinger) 1847 (No. 1–3).

1847 Six Mélodies pour le Piano, Op. 5, Vol. II. Berlin (A. M. Schlesinger) 1847 (No. 4–6).

1847 Vier Lieder für das Pianoforte, Op. 6, Vol. II. Berlin (Bote und Bock) 1847.

1847 Das letzte Lied (»O Lust, vom Berg zu schauen«). Privater Faksimile-Druck 1847.

1848 Sechs Lieder für eine Stimme mit Begleitung des Pianoforte, Frau Rebecka Lejeune Dirichlet gewidmet. Op. 7, Vol. II. Berlin/Breslau (Bote und Bock) 1848.

1848 Zwei Bagatellen für die Schüler des Schindelmeisserschen Musik-Instituts. Berlin (T. Trautwein/J. Guttentag) 1848.

1848 Pastorella für Klavier. In: Album zum Besten des Frauenvereins zur Erwerbung eines Kriegsfahrzeuges. Berlin/Breslau (Bote und Bock) 1848.

1850 Vier Lieder für das Pianoforte, Op. 8 (No. 1 der nachgelassenen Werke) Leipzig (Breitkopf und Härtel) 1850.

1850 Sechs Lieder mit Begleitung des Pianoforte, Op. 9 (No. 2 der nachgelassenen Werke) Leipzig (Breitkopf und Härtel) 1850.

1850 Fünf Lieder mit Begleitung des Pianoforte, Op. 10 (No. 3 der nachgelassenen Werke) Leipzig (Breitkopf und Härtel) 1850.

1850 Trio für Pianoforte, Violine und Violoncell, Op. 11 (No. 4 der nachgelassenen Werke) Leipzig (Breitkopf und Härtel) 1850.

1958 Il Saltarello Romano, für Klavier. In: Classical Discoveries, hrsg. von Jack Werner. London (Elkin and Co.) 1958.

1959 Die Spinnerin, für Gesang und Klavier. In: Classical Discoveries, 1959.

1980 Trio (w. o.), New York (Da Capo) 1980 (= Women Composers Series No. 6).

Quellennachweis der Motti:

S. 5 Mendelssohn Bartholdy, Carl: Goethe und Felix Mendelssohn Bartholdy, Leipzig 1871.
S. 10 Gilbert, Bankiers, S. 39
S. 20 Hensel, Familie I, S. 152 f.
S. 52 Hensel, Familie I, S. 236
S. 102 Depos. Berlin MS. 1
S. 154 Hessische Landesbibliothek Darmstadt, Handschriftenabteilung

Quellennachweis der Abbildungen:

Bildarchiv Preußischer Kulturbesitz, Berlin (S. 79)
Nationalgalerie Preußischer Kulturbesitz, Berlin (S. 22, 35, 59, 62, 66, 70, 71, 75, 87, 103, 128, 161)
Privatbesitz (S. 21, 26, 42, 169)
Rowohlt-Archiv (S. 155)
Staatsbibliothek Preußischer Kulturbesitz, Mendelssohn-Archiv, Berlin (S. 11, 12, 50, 89)
Abbildung des Deckblattes und des Notenbildes ›Bagatelle‹ I+II (S. 237ff): Mit Genehmigung von Heinrichshofen's Verlag, Wilhelmshaven

Nachwort

Reise- und Heimatbriefe

An einem heißen Sommertag des Jahres 1829 sitzen Fanny und Rebecka Mendelssohn Bartholdy im Park des elterlichen Hauses auf der Leipziger Straße 3. Vielleicht haben sie den sonnigen »Thuerplatz« gewählt, den auch Wilhelm Hensel, Fannys Verlobter, gerne aufsucht, um den Hintergrund von Felix' Porträt zu malen, das in diesen Tagen vollendet wird. Vielleicht sitzen sie auch weiter entfernt vom häuslichen Geschehen, im Schatten der großen Kastanienbäume, aus denen ein leiser Regen von feinen, weißen Blüten herabfällt. . . . Die beiden Schwestern schreiben einen Brief, ein Tagebuchblättchen, wie sie es nennen. Es enthält Possen, Reime, Berliner Gesellschaftsklatsch, Theaterkritik, Familiennachrichten und ist adressiert an den Bruder Felix, den »Haupthahn« und das »Alpha und Omega« der Familie, der wie so oft nicht mit ihnen zusammen ist, sondern mit seinem Freund Klingemann durch England reist, das Musikleben studiert, Visiten macht, wandert, komponiert und Klavier spielt. Hin und wieder werden die Schwestern in ihrer halb vergnüglichen, halb ernsthaften Arbeit gestört. Ein Wissenschaftler kommt zur stets gastfreien Teestunde, ein Bote bringt die Einladung zu einer Soirée, die jüngste Ausgabe der musikalischen Zeitung flattert ins Haus, Bediente fragen nach Wünschen fürs Abendessen. Verläßt die eine Schwester ihren Platz, schreibt die andere schnell eine Liebeserklärung an Felix nieder. Sie vertrauen und lieben sich, die beiden, haben aber, wenn es um den Bruder geht, Geheimnisse voreinander. Keine ganz ernsten übrigens, denn was Rebekka geschrieben hat, wird von Fanny gelesen und kommentiert und umgekehrt. »Adieu, liebe Leidenschaft«, schreibt Rebecka nach einem besonders warmherzigen Abschiedsgruß der Schwester, und diese wieder notiert in gespielter

Entrüstung: »Um Gottes willen, was schreibt das Mädchen für gottvergessenes Zeug!«

Hauptereignis eines solchen Sommertages ist das Eintreffen eines Briefes von Felix, mit dem von den frühen Morgenstunden bis um die Mittagszeit gerechnet wird. Dann wird der eigene Brief beiseite gelegt, Felix' Reisebericht vorgelesen, im Freundeskreis herumgereicht und diskutiert. Das kann einige Tage dauern. Und da natürlich die Fortsetzung des Heimatbriefes auf den jüngsten Reisebericht Bezug nehmen soll, vergeht oft eine Woche, ehe die Tagebuchblättchen abgeschickt werden.

Editionsgeschichte

Gehen wir von dieser teils fiktiven, teils realistischen Szene zu den literarhistorischen Tatsachen über. Fanny, Rebecka und die Mutter Lea schrieben aus der Heimat Berlin, Felix antwortete aus London, München, Wien oder Rom. Seine Reisebriefe wurden berühmt und in illustrierten Prachtausgaben gedruckt, die Antworten der drei Frauen allenfalls in Biographien zitiert, und auch dort nur höchst fragmentarisch. Felix' Briefe wurden als Monolog behandelt, obwohl sie doch schriftlich fixierter Teil eines Gesprächs waren, eines Familien- oder Geschwistergesprächs, in dem Rede auf Gegenrede folgte. Dabei lagen die Handschriften jener Antwortbriefe der zu Hause Gebliebenen immer hübsch geordnet beieinander, in den sogenannten »Grünen Büchern«, die zunächst Felix' Sohn Carl gehörten und nach einigen Umwegen 1973 an die Bodleian Library, Oxford, gelangten.[1] Warum sind sie bisher nie ediert worden? Aus Diskretion oder familiärer Rücksichtnahme gewiß nicht, denn Fanny, Rebecka und Lea waren zu taktvoll, sensibel und gebildet, als daß sie Skandalöses oder Decouvrierendes zu Papier gebracht hätten, wie etwa Fannys Kompositionslehrer Zelter in seinen Briefen an den Busenfreund Goethe. Der Grund liegt vielmehr im gesellschaftlichen Interesse, das sich auf die an touristisch attraktiven Plätzen entstandenen Briefe des reisenden Jünglings, des Komponisten, Genies und Kavaliers konzentrierte, und an den weniger spektakulären Beiträgen der Frauen schlichtweg vorbeiging. Bis heute hält die Mendelssohn-Forschung an der Konzeption der einseitigen Briefausgabe fest. Daß sie sich damit selbst um wichtige Informationen bringt – nicht nur über Felix' Psyche und die Struktur des Familienlebens, sondern auch über so Handgreifliches wie Kompositionspläne, Opernprojekte oder Werkdatierungen –, liegt auf der Hand.

Zu dieser Geringschätzung der Heimatbriefe der Frauen hat allerdings Felix selbst einiges beigetragen. Wir erfahren es indirekt aus den Sätzen, mit denen Fanny einen Brief vom 6. Juli 1829 beschließt und die als Motto über diesem Buch stehen könnten:

»Adieu, mein Felix, ich schriebe gern noch so fort, dann fällt mir aber immer ein, was Du immer gesagt hast, und was immer falsch ist, daß man von zu Hause aus nicht schreiben könne, ich glaube aber, es ist so, Männer müssen von Reisen schreiben, u. Frauen von zu Hause, die bringen dann jeden wohlbekannten Sandkorn aufs Tapet, u. das erfreut in der Fremde.«

Frauen schreiben von zu Hause . . .

Die vorliegende Auswahl, die sich bis auf eine Ausnahme auf Fannys unveröffentlichte Briefe in den »Grünen Büchern« stützt, ist der Versuch einer Annäherung an eine vernachlässigte und verkannte Briefgattung: die Heimatbriefe der Frauen. Fanny hat in ihren Schlußworten vom 6. Juli 1829 ohne Larmoyanz, aber deshalb um so eindringlicher, zum Ausdruck gebracht, daß sich im inhaltlich-stilistischen Unterschied zwischen männlichem Reise- und weiblichem Heimatbrief das für sie noch unabänderliche Schicksal der Frau widerspiegelt. Der Bruder geht immer wieder und für Jahre in die Fremde, die Schwester bleibt im heimischen Berlin, kann ihre Neugier, andere Länder kennenzulernen, nur auf wenigen Ferienreisen und einer großen Italienfahrt befriedigen, die allerdings ihr Leben einschneidend verändert und von der sie Briefe und Tagebücher an die Familie schickt, die 1982 als »Kabinettstücke deutscher Prosa« bezeichnet werden.[2]

Doch die Beschränkung auf die heimatliche Enge produziert auch eigene literarische Qualitäten. Zwar war der »leichte lebendige Stil«, den die Tante Henriette Mendelssohn lobte[3], eher familientypisch und auch Felix' brillanten Schilderungen eigen. Aber das ruhige Verweilen bei einem Gegenstand, das untrügliche Gespür für Komik im Alltag, die Skizzierung eigener Stimmungen und psychologischer Vorgänge im Familien- und Freundeskreis – das sind Elemente, die in Fannys Briefen stärker ausgeprägt scheinen als in denen von Felix, auch wenn diese mehr Fakten, Erlebnisberichte und exotischen Glanz enthalten mögen.

Felix' Dasein war nicht nur unruhiger, arbeitsreicher, weniger »behaglich« als das seiner Schwester, es war auch, zumindest, solange der Vater lebte, von dem Gefühl, sich bewähren zu müssen, bestimmt, da ja die Eltern *ihn* privilegiert und über die Geschwister hinausgehoben hatten. Man erwartete von ihm Fleiß, Fortbildung, Erfolge. Und er mag wohl gespürt haben, daß es als Disziplinlosigkeit oder gar Versagen ausgelegt worden wäre, hätte er intime Stimmungsbilder nach Hause geschickt, wie Fanny sie in der Ruhe ihrer Existenz zu Papier brachte.

Auswahlkriterien

Die Briefe von Rebecka und Lea sind natürlich nicht weniger lesenswert. Es sind kritische, kurzweilige Plaudereien über durchreisende Künstler, literarische Neuerscheinungen und Aktuelles aus dem Musikleben, über kleine und große gesellschaftliche Sensationen wie etwa die Verlobung der fast fünfzigjährigen Marianne Saling mit Rahels Witwer Varnhagen von Ense.

Die Beschränkung auf Fannys Beiträge mag darum als bis zu einem gewissen Grad willkürlich erscheinen. Auf der anderen Seite steht Fanny als kreative Künstlerin und musikalische Vertraute des Bruders dem heutigen Interesse am nächsten. Und solange das editorische Hauptziel, eine kritische Gesamtausgabe der Familienbriefe, die den vollständigen Dialog zwischen Felix und den Geschwistern, die Beiträge beider Elternteile und Postscripta im Hause weilender Freunde mit einbezieht, wegen der undurchschaubaren Rechts- und Quellenlage nicht verwirklicht werden kann[4], wird man Fannys Briefen den Vorrang geben müssen, auch als kommentierenden Pendants zu ihren Liedern, Klavierstücken und Oratorien, deren Bedeutung in der letzten Zeit immer mehr erkannt wird.

Viele Wortspiele, Retourkutschen und Zitate – zum Teil Elemente intimen Familienjargons – bleiben unverständlich, da Felix' Gegenbriefe größtenteils unerreichbar sind. Ich mußte darum auswählen, gelegentlich auch kürzen, ohne Anspruch auf wissenschaftliche Repräsentativität. Die getroffene Auswahl folgt den wichtigen Lebensstationen Fannys von der Jungmädchenzeit über Verlobung, Eheschließung und Mutterschaft bis zu jenem »alten Weiber Sommer« in den 1840er Jahren[5], in dem sie sich, fast wie in unausgesprochener Vorahnung ihres frühen Todes, vom Berliner Gesellschaftsleben distanzierte und hochromantische Chorlieder voll seltsamer Abendstimmung schrieb.

Das Buch enthält Beiträge zu »General«- oder »Familien«-Briefen und »Privat«- oder »Handwerks«-Briefe an Felix, die in der Regel die ernsteren und vertraulicheren sind. Nach der Verheiratung Rebeckas treten sie gegenüber den »Familienbriefen« in den Vordergrund. Doch ist ihre Frequenz und Intensität vom jeweiligen Stand der Bruder-Schwester-Beziehung abhängig. In den Monaten seiner Düsseldorfer

Tätigkeit etwa litt Felix stark unter Heimweh und Spannungen mit dem Opernintendanten Immermann; es ist nur natürlich, daß er in dieser Zeit mehr den Dialog mit Fanny suchte als während seiner Leipziger Periode, die fast durchweg erfolgreich war. Auch führte seine Verheiratung mit Cécile Jeanrenaud dazu, daß er seltener und vielleicht sogar weniger vertrauensvoll schrieb als vorher.

Editionsprinzipien

Alle Briefe wurden in originaler Orthographie und Interpunktion wiedergegeben. Ein besonderes Eingehen auf Verschreibungen, Tilgungen usw. war nicht nötig, da Fanny eine sehr konzentrierte Schreiberin war. Ihre in zierlicher, aber energischer und gestochen klarer Handschrift abgefaßten Briefe enthalten kaum je einen Fehler. Ein Mindestmaß an Kommentierung war dagegen nicht zu umgehen, auch wenn es das reine »Lesevergnügen« beeinträchtigen mag. Denn nicht alle der in den Briefen erwähnten Werke, Personen und politischen Ereignisse sind dem heutigen Leser präsent. Diese Kommentierung ist nur als Verständnishilfe, nicht als wissenschaftlicher oder gar kritischer Apparat aufzufassen.

Biographie und Wirklichkeit

Fannys Biographie ist in den letzten Jahren mehrfach skizziert worden[6], so daß wir uns hier mit den in den Zeittafeln festgehaltenen Daten und den Aussagen der Briefe selbst begnügen können. Es sind aber einige Worte zum Bild Fanny Mendelssohns in der biographischen Literatur notwendig. Die bis heute lebendigste, ausführlichste Charakteristik verdanken wir ihrem einzigen Sohn, Sebastian Hensel, der sich in seinem Bestseller über die Familie Mendelssohn nicht nur auf engste persönliche Vertrautheit, sondern auch auf ein reiches Familienarchiv stützen konnte, das in dieser Vollständigkeit keinem späteren Autor mehr zur Verfügung stand. So hatte er das Glück, aus ihren psychologisch, politisch und musikhistorisch hochinformativen Tagebüchern zitieren zu können, die heute zwar noch erhalten, aber der Forschung auf lange Sicht entzogen sind.[7]

Trotz der oft gerügten Mängel des Buches – mangelnde Profilierung der Charaktere, Schönfärberei familiärer Spannungen, Inkompetenz in Fragen des Judentums usw.[8] – geht von der Lebensnähe der Schilderung eine Faszination aus, der sich selbst heutige Leser schwer entziehen können. Da Sebastian Hensel kein Musiker war, wußte er über die Kompositionen seiner Mutter wenig zu sagen. Andererseits zitiert er unzählige Briefe und Tagebücher, in denen Fanny von ihren Problemen als kreative Frau spricht, von ihrer Schwierigkeit, Publikum und Resonanz zu finden, der daraus resultierenden Mutlosigkeit, den Konflikten mit dem bei aller brüderlichen Liebe emanzipationsfeindlichen Felix und dem spät, aber unwiderruflich gefaßten Entschluß, sich über dessen Bedenken hinwegzusetzen und eine Laufbahn als *publizierende* Komponistin zu beginnen.

Hensel hätte diese Quellen schlichtweg unterdrücken können. Daß er es nicht tat, spricht für Objektivität, und man darf darum zusammenfassen, daß er die unrealistische Überbewertung »weiblicher Pflichten«, wie Abraham und sein Sohn Felix sie vornahmen, akzeptiert, aber nicht publizistisch unterstützt hat.

Mehr war ihm auch im Jahre 1879, als die erste Auflage des Buches erschien, nicht zuzumuten. Das politische Klima war mehr als konservativ, die vormärzliche Bemühung um Emanzipation der Frau vorläufig gescheitert. Ein musikalischer Antisemitismus war durch Wagner salonfähig gemacht worden, und zu allem Überfluß gab es noch Streit mit Teilen der Familie Mendelsohn, die sich darüber empörten, daß ein Hensel es gewagt hatte, seinem Buch ihren Namen zu geben.[9]

Die biographische Literatur hat gegenüber dieser Charakteristik bis heute kaum Fortschritte erzielt. Bis etwa 1970 wurde Fanny fast nur als Schwester Felix' beschrieben, die sich, so unterstellte man ihr, kaum eine »größere Auszeichnung« gewünscht haben würde, als in dieser Funktion in die Musikgeschichte einzugehen[10]; auch wäre es ihr »hochwillkommen gewesen«, hätte sie zu ihren Lebzeiten ahnen können, daß neuzeitliche Musiklexika sie übergehen würden, denn »nur« als komponierende Frau angesehen zu werden, hätte sie sich »strengstens verbeten«.[11] Mendelssohn-Biographen erwähnen beinahe nie ihre Quartette, Oratorien und Chorsätze, sondern bestenfalls ihre Lieder und Klavierstücke in weiblich-bescheidenem Kleinformat, die zum Teil ohne jede Prüfung als »dilettantische Versuche«[12] abgetan werden. Ein sonst eher kritischer, wohlinformierter Autor, der im Untertitel seines Buches eine »neue Sicht« des Götterlieblings Felix verheißt, verschweigt sogar Fannys Anteil an dessen Liederheften op. 8 und 9; im Kommentar wird man zwar über die wahre Urheberschaft aufgeklärt, aber die Notiz ist so winzig und zwischen Anmerkungen versteckt, daß mancher gutgläubige Leser sie bestimmt übersieht.[13] Falsche Werkdatierungen, Gattungsbezeichnungen und Tonartenangaben, von berufener Seite pseudoakribisch zusammengetragen, sind Ausdruck herablassender Oberflächlichkeit, die, handelte es sich um männliches Oeuvre, längst lauthals angeprangert worden wäre.[14]

Hinter solchen verstümmelnden Darstellungen steht die Ansicht – oder vielleicht besser: das Wunschdenken –, Fanny habe, wie es der Vater gewünscht hatte, nur Hausfrau, nicht Berufsmusikerin sein wollen. Dieses Gebot Abrahams habe, so schreibt eine Erbin noch 1983, keine »wie auch immer geartete negative Rolle« in Fannys Leben gespielt.[15]

Als Ergänzung zu den vielen anderslautenden Belegen, die Fannys Sohn Sebastian Hensel anführt, sei hier besonders der Brief vom 17. 2. 1835 (= Nr. 28 dieses Buches) zitiert. Auf eine leider nicht bekannte Kritik Felix' erwidert Fanny darin, daß es ihr nicht an der musikalischen »Schreibart« fehle, sondern an einem »gewissen Lebensprinzip«, das er, Felix, besitze. Diesem Mangel zufolge habe sie oft keine Kraft, »die Gedanken gehörig festzuhalten, ihnen die nöthige Consistenz zu geben«, so daß ihre längeren Werke »an Altersschwäche sterben« und ihr am besten Lieder gelingen würden, »wozu nur allenfalls ein hübscher Einfall ohne viel Kraft der Durchführung gehört«.

Wie diese erschütternd ehrliche Selbsteinschätzung musikalisch auszudeuten ist, liegt auf der Hand. Fanny beherrschte Kontrapunkt, Harmonie- und Formenlehre perfekt, mit gewissen Einschränkungen auch die Instrumentation, in der es ihr allerdings, wie den meisten Komponistinnen ihrer Zeit, an praktischer Arbeits- und Klangerfahrung mit Partitur und Orchester fehlte. War sie doch nicht – wie Wagner, Hiller, der Bruder – Kapellmeister und Komponist in Personalunion, und vergingen doch oft mehr als zwei Jahre, bis sie Gelegenheit hatte, ein am Klavier konzipiertes Orchesterwerk in originaler Besetzung zu hören!

Ihre melodische Erfindungsgabe war sehr ausgeprägt. Aber gerade das war ihr Problem in jenen 1830er Jahren. Anstatt einen thematischen Gedanken in Ruhe zu entwikkeln, zitierte sie ihn oft nur ein paar Takte lang, um gleich einen neuen folgen zu lassen. So benutzt sie z. B. im ersten Chorsatz des 1831 entstandenen »Oratorium nach Bildern der Bibel« acht verschiedene Themen von jeweils vier Takten in einem Gesamtrahmen von nur 35 Takten.[16]

Dieses Phänomen – man könnte es verkürzt als thematische Ruhelosigkeit bezeichnen – ist auch in Werken anderer Komponistinnen des 19. Jahrhunderts zu finden. Über seine Ursache läßt sich vorerst nur spekulieren. An ein »biologisches« Defizit ist gewiß nicht zu denken, wohl aber an Gefühle der Angst und Unsicherheit, an das Bestreben, Vorurteile wie »musikalisches Genie ist männlich« durch besonderen Einfallsreichtum zu widerlegen.

Betrachtet man nun Fannys Werke aus der Zeit nach 1843,

etwa das Klaviertrio in d-Moll oder die Sonate in g[17], wird man zu dem Ergebnis kommen, daß in ihnen dieser von ihr selbst diagnostizierte Mangel überwunden ist. Das erste Thema des Trio-Kopfsatzes wird – nach D-Dur transponiert – im dritten Satz wieder aufgegriffen, das zweite Thema im Finale, unmittelbar vor der Coda, zitiert. Die g-Moll-Sonate ist ein gelungenes großformatiges Stück, in dem es keine Einteilung in kleine Sätze, keine thematische Kurzlebigkeit mehr gibt. Vielmehr gehen die drei ersten Sätze, schon wie auf Brahms vorausweisend, unmittelbar ineinander über. Zwischen 1835 und 1843 liegt die große Italienreise, auf der sich die Künstlerin zum ersten Mal anerkannt und bewundert fühlte; nach Berlin zurückgekehrt, faßte sie den Entschluß, ihre Werke endlich drucken zu lassen, gegen den erklärten Willen des Bruders, der sein Ideal von »der Frau wie es recht ist« dahinschwinden sah.[18] Hat Fanny in Italien zu jenem 1835 noch schmerzlich vermißten »Lebensprinzip« gefunden? Ist unter »Lebensprinzip« Selbstbewußtsein, Erfolg, Reisen, das Studium auswärtiger Musikverhältnisse, also zusammengefaßt, alles das zu verstehen, was Felix schon in jungen Jahren absolviert hatte? So betrachtet, wirkt der Brief vom Februar 1835 wie ein autobiographisches Schlüsseldokument. Fanny nimmt die Maximen des Vaters mit Liebe, Respekt und Verständnis hin. Aber sie analysiert gleichzeitig, um welch elementare Qualität ihr Werk und, noch schlimmer, ihr Leben durch diese Maximen beschnitten werden. Angesichts einer solchen Selbsterkenntnis wirken die anderslautenden Beteuerungen der Biographen wie blanker Hohn.

Ein angepaßtes, bescheidenes, »ebenso kluges wie rundliches Persönchen«[19] auf der einen, eine nach beruflicher Anerkennung strebende Künstlerin auf der anderen Seite – das sind die miteinander konkurrierenden Persönlichkeitsbilder, die sich seit etwa 1980 in der Literatur gegenüberstehen. In der Bundesrepublik hat besonders die musikalische Frauenbewegung diese zweite Sichtweise stimuliert. In den

USA verfaßte Victoria Ressmeyer Sirota eine Monographie, in der zum ersten Mal umfassende Werkverzeichnisse präsentiert, Kompositionen analysiert und miteinander verglichen, frauenfeindliche Biographen unverblümt attackiert werden. Dieses Buch ist für jeden, der sich ein ideologisch nicht verstelltes Bild von Fanny Mendelssohn verschaffen will, eine unentbehrliche Lektüre.

Die Lebens- und Werkbeschreibung enthält aber auch hier etliche Lücken, weil der Verfasserin viele der in Privatbesitz befindlichen Kompositionen, Briefe und Tagebücher vorenthalten wurden; man verschwieg ihr sogar, daß die Bildnissammlung Wilhelm Hensels, ein mehr als nur illustrierendes Pendant zu Fannys Biographie, seit 1956 nicht mehr der Familie, sondern der Berliner Nationalgalerie gehört.[20]

Diese wenigen Andeutungen mögen genügen, um auf die heftige Kontroverse hinzuweisen, die sich seit einigen Jahren an der Person Fanny Mendelssohns entzündet hat. Es geht dabei nicht nur um unterschiedliche Einschätzung von Charakter und Werk, sondern auch um divergierende Standpunkte in Einzelfragen:

Welche Bedeutung ist der jüdischen Herkunft beizumessen? Ist die Namensgebung »Mendelssohn« legitim oder nicht? War Fannys Beziehung zu Felix nur »innig geknüpft«, oder hatte sie inzestuöse Züge?

Wer die vorliegenden Briefe mit Verständnis lesen will, wird an einer Auseinandersetzung mit diesen drei Grundfragen, von denen zumindest zwei Tabuzonen der deutschen Sozial- und Seelengeschichte berühren, nicht vorbeikommen. Es seien darum im folgenden die wichtigsten Fakten und Ansichten zusammengetragen.

Während in wohl keiner grundlegenden Biographie Felix Mendelssohns die Frage nach dem jüdischen Erbe ausgeklammert ist, drücken sich Fanny-Chronisten auffallend konsequent um dieses Thema herum[21]; es wird sogar gelegentlich vorgetragen, Fanny sei keine Jüdin gewesen, sondern Deutsche, und habe sich gerade durch ihre Briefe als Mitglied der deutschen Sprach- und Kulturgemeinschaft zu erkennen gegeben. Dies ist eine merkwürdige, ja unbegreifliche Diskrepanz, die höchstens damit zu erklären sein könnte, daß die Debatte um Felix mehr von Nachkommen der Familie Mendelssohn bestimmt wird, während in der editorisch-biographischen Aufarbeitung von Fannys Leben Mitglieder der Familie Hensel das Sagen haben. Zwischen beiden Zweigen mögen Spannungen existieren, unter denen schon Sebastian zu leiden hatte. Sicher aber haben die Familien ein unterschiedliches »Selbstverständnis«, und es fragt sich, welches das historisch richtige ist.

Abraham Mendelssohn war das fünfte von sechs Kindern aus der Ehe Moses Mendelssohns mit Fromet Guggenheim, Lea Mendelssohn eine Enkelin des wohlhabenden Daniel Itzig, der nicht nur Bankier Friedrichs des Großen und preußischer Münzmeister im Siebenjährigen Krieg, sondern auch Ältester der Berliner Jüdischen Gemeinde und Oberlandesältester der Judenschaft in allen preußischen Landesteilen war.[23]

Moses Mendelssohn hatte als Religionsphilosoph für eine von Humanität und Toleranz getragene Beziehung zwischen Juden und Christen plädiert. Er kritisierte verhärtete Positionen der Orthodoxie, hielt aber selbst überzeugt am Judentum fest. Für seine Kinder wurde – damals keineswegs selbstverständlich – Deutsch zur Muttersprache. Ihre Erziehung war nicht ausschließlich traditionell und religiös, sondern schloß Mathematik, Literatur und Fremdsprachen mit ein, so daß sie später ohne Schwierigkeiten in England, Frankreich und

Italien leben und arbeiten konnten. Moses' Zeitgenossin Henriette Herz, diese vorzügliche Chronistin jener ersten Jahrzehnte zwischen Emanzipation und Assimilation, hat das noch konfliktlose Nebeneinander von Tradition und Aufklärung warmherzig beschrieben. »Moses Mendelssohn«, erinnert sie sich in ihrer Autobiographie, »lebte streng nach dem mosaischen Gesetze. Die Leute glaubten jedoch den vertrauten Freund Lessings zu »aufgeklärt« und »vernünftig«, als daß es ihm um das Judenthum ernst sein könne ... Ich bin anderer Ansicht über ihn. Eben die Duldung und Nachsicht, mit welchen er auch die sogenannten Freidenker ertrug, sind mir ein Beweis für die innere Wahrhaftigkeit des ... Mannes, der Gott im Herzen trug, und sprechen mir dafür, daß er in der That auf dem Wege des Judenthums zu ihm zu gelangen hoffte.«[23]

Obwohl Friedrich der Große nach seinem Regierungsantritt erklärt hatte, daß in Preußen »jeder nach seiner Fasson selich werden« könne, war Moses Mendelssohn nach dem General-Reglement von 1750 nur »geduldeter Jude« ohne Schutzbrief, d. h. er durfte nur so lange in Berlin bleiben, wie er eine Stelle bei einem »ordentlichen Schutzjuden« hatte. Für seine Braut Fromet Guggenheim mußte er in demütigen Floskeln um Schutz und Niederlassungsrecht bitten. Moses' Söhne litten noch unter den Berufs- und Studienbeschränkungen der General-Reglements und mußten gegen Wunsch und Neigung Kaufleute bzw. Bankiers werden. Erst das Emanzipationsedikt vom 11. März 1812, dem Aufhebung des Zunftzwanges und Einführung der Gewerbefreiheit vorausgegangen waren, schaffte diese Limitierungen theoretisch aus der Welt.[24]

Besser gestellt war die Familie des Hofbankiers Daniel Itzig. Friedrich Wilhelm II. hatte ihm ein einzigartiges Patent verliehen, das ihm und seinen Kindern »alle Rechte christlicher Bürger in Unseren gesammten Staaten und Landen« zusicherte.[25] Es ist darum nicht verwunderlich, daß Itzigs Kinder einen Übertritt zum Protestantismus nicht in Betracht zogen. Nicht nur weil ihre Überzeugung dagegen sprach – sie brauchten ihn schlichtweg nicht.

Seine älteste Tochter Bella, die Mutter von Jacob und Lea, galt als streng religiös. Als Jacob sich taufen ließ und seinen Familiennamen »Salomon« gegen den nicht jüdisch klingenden »Bartholdy« austauschte, verfluchte sie ihn. Erst auf eindringliches Bitten ihrer geliebten Enkelin Fanny kam es Jahre später zu einer Wiederannäherung. Man verschwieg ihr auch geflissentlich, daß Felix und seine Geschwister 1816 evangelisch getauft worden waren; von der Konversion Abrahams und Leas im Jahre 1822 durfte sie ebensowenig erfahren wie von der Möglichkeit einer Verbindung zwischen Fanny und Wilhelm. »Die Eltern verlangten nur«, schrieb dieser 1823 an seine Schwester Luise, »daß die Sache noch aller Welt ein Geheimnis bleibe, da die Großmutter des Mädchens noch gar nicht wisse, daß diese wirklich Christin sei und man die alte 80jährige Frau, eine orthodoxe Jüdin, nicht wolle mit Leid in die Grube fahren lassen, die schon ihren Sohn verstoßen hatte, weil er Christ geworden (auch daß ihre Tochter Christin sei, wußte sie nicht). Daß man nun die Enkelin nicht als erklärte Braut eines Christen hinstellen konnte, war natürlich, und so mußt' ich mich dieser Bedingung fügen.«[26]

So war also der Stand der Dinge im Jahre 1823, zwei Jahre nachdem Fanny dem jungen Maler zum ersten Mal begegnet war. Es besteht wohl kein Zweifel daran, daß die jüdische Herkunft für die Liebenden ein Problem, mehr noch: ein tragisches Hindernis war, daß es tränenreiche Streitgespräche innerhalb der Familie gab, von denen Hensel im weiteren Verlauf seines Briefes berichtet.

Was war diesen frühen 1820er Jahren, in denen Fannys Bräutigamswahl als offenkundiger Bruch mit der Tradition schwelende Konflikte ans Tageslicht brachte, familiengeschichtlich vorausgegangen?

Von Abrahams fünf Geschwistern waren nur zwei jüdisch geblieben, nämlich Joseph und Recha. Die Schwestern Henriette und Dorothea hatten sich nicht dem Protestantismus, der herrschenden Religion Preußens, sondern dem Katholizismus zugewandt, und zwar mit ungewöhnlich viel Engagement und Überzeugung, die die Chronistin Herz als Befriedigung eines »lang unterdrückten religiösen Bedürfnisses« interpretierte.[27] Während Henriette Mendelssohn unbeirrt am Katholizismus festhielt und in ihrem Testament ihren »lieben Verwandten« dafür dankte, daß sie sie »auf keine Weise in der Ausübung ihrer Religion gehindert, und keine Gehässigkeit gegen dieselbe an den Tag gelegt« hätten[28], schien Dorothea gelegentlich zu zweifeln. Es blieb ihr zumindest bewußt, daß sie ein anderes Erbe in sich trug als ihr zweiter Ehemann, Friedrich Schlegel, den »asiatischen Ursprung« nämlich, um dessentwillen sie ironisch um Verzeihung dafür bat, daß sie zu ihrem »angeborenen Vaterlande«, Deutschland, oder genauer: Preußen, »keinen allzu großen Trieb« in sich spüre.[29]

Wie schon erwähnt, hatte sich auch Leas Bruder taufen lassen, und zwar schon 1805, im Jahr der Geburt Fannys. Er war es vor allem, der Schwester und Schwager immer wieder von den Vorteilen der Konversion zu überzeugen suchte, wobei er, durchaus realistisch, das Wohl der Kinder als Argument anführte. Denn wenn auch das befreiende Emanzipationsedikt unmittelbar bevorstand, so schwelten doch unter den deutschen Romantikern heftige Haßgefühle gegen die Juden, die auch von Teilen der Beamtenschaft genährt wurden. E. W. F. Grattenauer, Rechtskommissar am Berliner Kammergericht, verkündete 1803, die Juden seien »aus Ägypten vertrieben (worden), weil die gesamte Nation von Krätze und Lepra befallen war und weil die Hirten sogar das Vieh auf den Weiden ansteckten«. Obgleich sie sich »mindestens zehn Mal am Tag« wüschen, blieben »Schmutz und Gestank . . .ihr nationales Erbe«, und ihre »Ausdünstungen« seien »nach Aussagen der Ärzte für die Gesundheit äußerst schädlich«. Daher sei es »einem Mieter mit Recht nicht gestattet, einen Juden als Untermieter zu nehmen«, und es geschehe »genau aus diesem Grund, daß die Juden die Hauptstraßen und die sauberen Straßen der Residenzstädte nicht bewohnen« dürften. Die »gelehrten, die poetischen, die musikalischen, die schönen Töchter Israels« schließlich würden ihre »Lavendelbouteillen« nur benutzen, »weil ihr eigentümlicher Geruch nicht der angenehmste sey.«[30]

Fast wie ein Echo dieser Haßtirade klingen die Worte des tiefreligiösen Dichters Clemens Brentano, der 1811 mit Kleist, Savigny, Fichte und anderen Mitglied der ›Christlich-deutschen Tischgesellschaft‹ wurde und die von dieser Gesellschaft ausgeschlossenen Juden »diese von den ägyptischen Plagen übriggebliebenen Fliegen« nannte.[31]

Für den Antisemitismus zu Beginn des 19. Jahrhunderts gibt es mancherlei Erklärungen, die hier nur andeutungsweise zitiert werden können. Der französische Historiker Henri Brunschwig nennt als eine von vielen Ursachen den romantischen Kult des religiösen Gefühls, das Aufkommen einer neuen »Frömmigkeit der Massen«.[32] Der Judaist Hermann Greive führt die Identitätssuche der unter napoleonischer Fremdherrschaft stehenden Deutschen als Hauptmotiv an.[33] Napoleon habe die Juden weitgehend emanzipiert. Gerade die »Liberalen« und »Intellektuellen« hätten darum den Antisemitismus als Form der politischen Opposition mißverstanden und auch nach den siegreich beendeten Befreiungskriegen ihre Bemühungen um ein ethnisch verstandenes Deutschtum, eine völkische Religion des deutschen Christentums fortgesetzt.

Von der napoleonischen Wirtschaftspolitik war auch Abraham, übrigens kein Franzosenfeind, sondern ein »citoyen« und Liebhaber französischer Literatur, empfindlich betroffen. Seine Geschäftsverbindungen mit England – ein wesentliches Fundament des Hamburger Bankhauses – waren durch die Kontinentalsperre unterbrochen worden. Und so war es nicht nur erwachendes preußisches Nationalbewußtsein, nicht nur Solidarität mit der ihm insgesamt wohlgesonnenen Hohenzollernmonarchie, sondern auch handgreifliches persönliches Interesse, das ihn die Befreiungskriege materiell unterstützen ließ. Unter erheblichen finanziellen Opfern rüstete er freiwillige Truppen aus.

Die Befreiungskriege, an denen zum ersten Mal in der preußischen Geschichte auch Juden teilnehmen »durften«, haben den Assimilationsprozeß des preußischen Judentums beschleunigt und unterstützt. Es ist eine makabre Ironie der Geschichte, daß ausgerechnet das Ende dieser mit jüdischer Hilfe gewonnenen Kämpfe zu einer neuen Welle des Antisemitismus, diesmal auch vom breiteren Volk mitgetragen, führte. Nachdem die Kontinentalsperre aufgehoben worden war, flossen englische Waren in das Festland ein. Handel und Gewerbe in den deutschen Staaten wurden zerstörerischen Belastungsproben unterworfen. In den Jahren 1816 und 1817 kamen landwirtschaftliche Versorgungsengpässe, schwere Mißernten und steigende Brotpreise hinzu. Es herrschten Zeiten der allgemeinen Not, in denen, wie Fannys Kompositionslehrer Zelter bösartig formulierte, kluge Bankiers wie Abraham »ohne Schaden an ihrer Seele« reich wurden.[34] In seiner ökonomischen und nationalen Existenzangst suchte das Volk einen Sündenbock. Der Berliner Historiker Friedrich Rühs und der Jenaer Philosoph Friedrich Fries überschwemmten das Land mit antisemitischen Pamphleten, die von vielen Beamten und Politikern ernst genommen wurden.[35] So erließ das preußische Finanzministerium ein Votum, das die mit dem Emanzipationsedikt gewonnene Gleichstellung zu vernichten drohte: Die staatsbürgerlichen Rechte des Juden sollten wieder vom Übertritt zum Christentum abhängig gemacht werden.[36]

Im gleichen Jahr – 1816 – läßt Abraham, als einer der führenden Berliner Bankiers politisch wohlinformiert –, seine Kinder taufen, eine Koinzidenz der Ereignisse, die aufhorchen läßt.

Fanny war damals elf Jahre alt. Bedeutete die Taufe einen Wendepunkt in ihrem Leben? War sie bis dahin »jüdisch« erzogen worden?

Felix' Biograph Eric Werner behauptet, daß Felix und Paul nach traditionellem Ritus beschnitten worden seien.[37] In der spartanischen, fast despotischen Erziehung der Geschwister, die keinerlei Raum für Freizeit und Müßiggang ließ, erblickt er Überbleibsel »jüdisch-puritanischen Denkens«. Als weitere Charakteristika konstatiert er »Clandenken« und »Abneigung gegen natürliche Sexualität«.[38] Abrahams mit Emphase vorgetragene Überzeugung, daß Fanny sich eifriger auf den »einzigen Beruf eines Mädchens«, den der Hausfrau, konzentrieren müsse[39], könnte nach Else Croner Ausdruck der »alttestamentarischen Anschauung« sein, nach der Töchter »einzig und allein für die Ehe zu erziehen sind«.[40]

Auch die unmittelbare Zeitgenossin Henriette Herz berichtet, daß jüdische Väter »jeder Beschäftigung ihrer Kinder abhold« gewesen seien, die diese »von . . .den Interessen der bis dahin patriarchalisch gestalteten Familie abziehen konnte«.[41]

Man muß jedoch dem Historiker Felix Gilbert, einem Nachkommen der Familie Mendelssohn, recht geben, wenn er im Vorwort zu einer hervorragenden Familienbriefausgabe relativiert, daß die autoritäre Ausrichtung der Familienstruktur nicht spezifisch jüdisch gewesen sein muß; es könne sich um allgemeine Phänomene des sozialen Lebens, Grundpflichten der bürgerlich-preußischen Moral gehandelt haben.[42]

Eine Gegenprobe beweist die Richtigkeit dieser Auffassung. Christlich-deutsche Gelehrte haben im 18. und 19. Jahrhundert unzählige Schriften zur Festigung des Patriarchats und der weiblichen Hausfrauenrolle verfaßt.[43] Wie Henriette Herz selber feststellte und nicht zuletzt in ihrem eigenen Leben bezeugte, waren Jüdinnen sogar Vorkämpferinnen der Emanzipation, vor allem im von ihnen geprägten Milieu des literarisch-musikalischen Salons in Berlin. In streng christlichen Häusern habe es dagegen wenig geistige Kommunikation zwischen den Geschlechtern gegeben. Die Männer hätten einander »an irgendeinem öffentlichen Orte«

getroffen, »wo sie bei einem Glase Bier sehr ernst und sehr pedantisch über gelehrte Gegenstände« diskutiert hätten.[44]

Trotzdem wird man wohl festhalten müssen, daß die Herkunft aus einem überzeugt-religiösen Elternhaus eine moralische Prägung hinterläßt, die durch Taufe oder gewandelte Staatsverfassung ebensowenig wegzuwischen ist wie durch andere Einsicht. Dies gilt für Lea, die bei aller Weltoffenheit und Eleganz Tochter einer orthodoxen Mutter war, zu der sie ein von Liebe, ja Furcht bestimmtes Verhältnis behielt. Es gilt aber genauso für den angeblich radikalen Rationalisten und Kantianer Abraham. Zwischen der Taufe seiner Kinder und dem eigenen Übertritt zum Christentum ließ er immerhin sechs Jahre verstreichen. Man kann dies als religiöse Indifferenz interpretieren – genausogut aber auch als Bestreben, das Erbe des Vaters nicht voreilig aufzugeben. Im berühmten Einsegnungsbrief an Fanny – er schrieb ihn 1820 aus Paris – sagt er ohne Umschweife: »Wir, Deine Mutter und ich, sind von unseren Eltern im Judentum geboren und erzogen worden und haben, ohne diese Form verändern zu müssen, dem Gott in uns und unserem Gewissen zu folgen gewußt.«[45] Abraham entwickelt in diesem Brief einen aufgeklärten Religionsbegriff, der auf das »Gute, Wahre und Rechte« in jedem Menschen abzielt und die religiöse Form historisch erklärt. Er wertet das Christentum gegenüber dem Judentum nicht auf, sondern nennt es die Religion, die »die Gesellschaft von Dir« – Fanny – »fordert«. Abraham hatte 1816 die Konversion der Kinder als politisch notwendig angesehen. Er suchte aber gleichzeitig einen Weg, den Geist, in dem er »geboren und erzogen« worden war, nicht verraten zu müssen. Dieser Prozeß war auch bei einem scheinbar so rationalen Menschen wie ihm mit stärkster emotioneller Erregung verbunden.

Noch Jahre nach seiner Taufe benutzt Abraham Talmud-Zitate in seiner Korrespondenz.[46] Judendeutsche bzw. hebräische Vokabeln finden sich selbst in Felix' und Fannys Briefen. So bezeichnet Felix einen englischen Antisemiten als »Rohsche« (judendt.: Bösewicht)[47], und Fanny schreibt über den Sänger Franz Hauser:

»Morgen tritt er als Diable auf, u. hat so höllische Moran (hebr.: Furcht), daß wir Alle mit ihm bange sind.«[48]

Das stärkste Indiz für die schweren Konflikte, denen Abraham ausgesetzt war, ist aber nicht dieser nach der Konversion beibehaltene Sprachgebrauch, sondern – seine menschliche Wirkung auf andere. Auch Fanny verliert darüber in den hier vorliegenden Briefen manches bittere Wort. Ihre Mutter schreibt 1830 an Felix:

»So verdirbt er sich und uns das schöne Leben und tut zu Hause wie ein von Gram gebeugter und verzweifelter Mann. Gott, wie glücklich könnte der Mann sein und machen! Er also, die Seele von einem Gatten und Vater, befindet sich stets im Zweifel über irgendetwas, tief in seinem Herzen. Ich weiß nicht, was ihm diese Zweifel schafft...«[49]

Die Tatsache, daß Lea eine Benennung des Problems vermeidet, spricht nicht gegen diese Deutung, im Gegenteil. Auch Fanny findet in einem Brief vom 7. Juli 1829 (= Nr. 13 dieser Sammlung) einen Weg, sich auf mehr als zwei Seiten zu den den Konflikt repräsentierenden Namen »Mendelssohn« und »Bartholdy« zu äußern, ohne daß sie Vokabeln wie »Taufe«, »Konversion« oder »Judentum« auch nur ein einziges Mal einfließen ließe. Und Wilhelm Hensel, damals noch ihr Verlobter, schließt sich im gleichen Ton ihren Ausführungen an.

Erst Abraham nennt in seinem zwei Tage später entstandenen Brief – er ist im Kommentar zu Brief Nr. 13 abgedruckt – die Dinge offen beim Namen. Während er von pedantischer Aufrichtigkeit gegenüber sich selbst und anderen war, hatten sich die übrigen Familienmitglieder auf einen taktvoll kaschierenden Sprachmodus geeinigt. Dies mag als Selbstschutz, keineswegs aber als Gleichgültigkeit, Verdrängung oder gar »Selbsthaß« zu verstehen sein, wie Werner in seiner durchweg negativen Darstellung der Psyche Fannys behauptet.[50]

Warum aber Selbstschutz, dreizehn Jahre nach der im Kindesalter erfolgten Taufe, die doch de jure völlige Gleichstellung garantierte?

Die historischen Tatsachen sprechen leider dafür, daß die Taufe von der judenfeindlichen Umwelt nicht als Argument betrachtet wurde.[51] 1819 kam es in Universitätsstädten wie Berlin, Würzburg, Frankfurt und Heidelberg auf Initiative der als demokratisch geltenden Burschenschaften zu offenen Pogromen, die als sog. »Judensturm« in die Geschichte des Antisemitismus eingingen. Es entstanden »Fembünde« zur Vertreibung der Juden »mit Dolch und Schwert«, wohlhabende Bürger verteilten Geld an Arbeitslose, Landstreicher und Lehrlinge, damit diese sich betrinken und an den Juden austoben sollten. Varnhagen von Ense berichtet, daß ein Mitglied der Hohenzollernfamilie vor dem zehnjährigen Felix ausgespuckt und dazu »Hep, hep, Judenjung« gerufen habe.[52]

Eine ähnliche Demütigung erfuhren Felix und Fanny fünf Jahre später in Dobberan. Sie wurden auf der Straße mit Steinen beworfen und als »Judenjungen« tituliert. Der Hauslehrer der Geschwister, Karl Wilhelm Ludwig Heyse, dessen Ehefrau Julie ebenfalls Konvertitin und mit Lea Mendelssohn verwandt war, hatte sie bei diesem »Ausflug« begleitet. In seinen Tagebüchern schreibt er, daß Felix sich benommen habe »wie ein Mann«, später aber außer Stande gewesen sei, »seine Wut und Indignation über die Demütigung ... zu unterdrücken«. Am Abend sei sie »in einen Strom von Tränen und wilden Beschuldigungen allgemeiner Art« ausgebrochen.[53]

Auch der von Fanny bis zu seinem Tod hochverehrte Kompositionslehrer Zelter war in seiner »ehrenfesten, knorrigen« Art[54] ein recht militanter Judenfeind. In seinen Briefen an Goethe erfand er – auf Felix anspielend – die geschmacklose Unterscheidung zwischen »Jude« und »Judensohn« und bezeichnete Fanny, Lea und Rebecka als »Töchter des Alten Testaments«. Fannys Zorn über Zelter, für den sie nach

Erscheinen des Briefwechsels gar nicht genug Worte finden kann (vgl. Briefe 22 und 26 dieser Sammlung), zeigt das ganze Ausmaß ihrer Demütigung und Betroffenheit. Aber auch hier bedient sie sich wieder einer Sprache, in der das Wort »Jude« nicht vorkommt, gerade so, als wolle sie sich und dem geliebten Bruder wenigstens verbale Verletzungen ersparen.

Diese unter den Geschwistern existierende Sprachregelung wurde allerdings in einigen Fällen durchbrochen. So, als Rebecka 1829 an Felix schrieb:

»Ich bitte Dich aber, laß . . .H. Dessauer aus dem Spiele, über ihn ist schon mehr Gerede gewesen, als er es verdient, und Gott sey Dank, ist er abgeschoben worden; aber nicht, ohne seine Schwester präsentiert zu haben. Ich bin kein Judenfeind, es geht mir aber über den Spaß.«

Darauf Felix, zutiefst erregt:

»Was meinst Du damit, daß Du schreibst, Du seyest keine Judenfeindin? Ich nehme an, das sey nur ein Scherz: denn sonst würde ich ganz andere Saiten aufziehen. Es ist wirklich sehr liebenswürdig von Dir, daß Du nicht Deine gesamte Familie verachtest, nicht wahr?«[55]

Felix, der Liebling und Verehrer Goethes, der Bewunderer Beethovens und Sachwalter Bachs, der welt- und sprachgewandte Kavalier, der sich am Ende seiner Europareise für Deutschland entscheiden sollte, dieser Felix also läßt 1829 an seiner Solidarität und Identifikation mit den jüdischen Vorfahren keinen Zweifel aufkommen. Und Rebecka? War es der liberalen, intelligenten jungen Frau, die mit der Freundschaft Rahel Varnhagens großgeworden war, wirklich ernst mit ihrer Äußerung? Das ist nach allem, was man über sie weiß, kaum anzunehmen. Man wird eher an eine trotzige Parodie gängiger Antisemitismen denken müssen, vergleichbar dem berühmten übermütigen Ausruf, in den Felix vor der Wiederaufführung der Matthäuspassion auf offener Straße ausbrach:

»Zu denken, daß es ein Komödiant und ein Judenjunge

sein müssen, die den Leuten die größte christliche Musik wiederbringen!«[56]

Der wirkliche Standpunkt der Schwestern zeigt sich ganz deutlich in der Ablehnung des Namens »Bartholdy«. Rebekka unterschrieb zwei unveröffentlichte Briefe mit: »Deine Schwester Rebecka Mendelssohn, medèn (griech.: nie) Bartholdy.«[57] Und Fanny sagt in Brief Nr. 13 dieser Sammlung: »Ich kenne und billige Deine Absicht, diesen Namen, den wir alle nicht lieben, einst wieder abzulegen ...« ... Abraham dagegen argumentiert: »Mendelssohn ist und bleibt ewig das Judentum in der Übergangsperiode ... Du kannst und darfst nicht Felix Mendelssohn heißen, weil der Name ein Kleid ist, und dieses der Zeit, dem Bedürfniß, dem Stande angemessen seyn muß, wenn es nicht hinderlich oder lächerlich werden soll ... Ich wiederhole dir, einen christlichen Mendelssohn giebt es so wenig als einen jüdischen Confucius. Heißt du Mendelssohn so bist du eo ipso ein Jude, und das taugt dir nichts, schon weil es nicht wahr ist.«

Wir können aus der Gegenüberstellung dieser Standpunkte nur erahnen, welche Kontroversen es im Familienkreis gegeben hat. Hensel spricht in seiner Nachschrift zu Brief Nr. 13 von »mehr als zwei Thränen«, die Fanny für Felix geweint habe. Auch Rebecka sei in den Streit hineingezogen worden. Aber: Die tragischste Figur in dieser Auseinandersetzung war Abraham. Er war gezwungen gewesen, für seine Familie zu entscheiden. Um diese Entscheidung gegen Kritik, die denn auch wirklich kam (man denke nur an Heinrich Heine)[58], zu verteidigen, nahm er zu religionsphilosophischen Begründungen, und, als diese von den Kindern nicht akzeptiert wurden, zu autoritärem Poltern Zuflucht. Das wiederum brachte ihn in der eigenen Familie in Mißkredit.

Seinen Kindern blieb zumindest der Gewissenskonflikt erspart, denn es war ja für sie gewählt und gehandelt worden. Aber sie hatten sich immerhin mit der Zerrissenheit des Vaters, den verletzten Gefühlen orthodoxer Verwandter,

Kritik von jüdischer und antisemitischer Seite und Judenfeindlichkeit in allen Schattierungen – vom »witzigen« Kommentar Zelters bis zum Steinwurf in Dobberan – auseinanderzusetzen.

Das war eine drückende, lebenslange Hypothek. Wer sie negiert oder durch den Verweis auf ein »deutsches« Kulturbewußtsein (das ja Wassermann, Döblin und andere, die um ihrer Herkunft willen emigrieren mußten, gewiß auch hatten) zu verschleiern sucht, argumentiert nicht nur unhistorisch, sondern reduziert auch die Biographie Fanny Mendelssohns auf die des bereits zitierten »ebenso klugen wie rundlichen Persönchens«, das seine Tage konfliktlos und in Luxus verbrachte.

Fanny mißbilligte wie Felix den ihr charakterlos scheinenden Opportunismus, der sich in der Annahme des Namens »Bartholdy« ausdrückte. Eine vollständige Edition ihrer Tagebücher würde sicher ihr Verhältnis zu Judentum, Antisemitismus und Assimilation offenlegen. Solange aber diese Aufzeichnungen nur partiell, vielleicht auch tendenziös, zitiert werden, müssen wir mit dem uns Bekannten vorliebnehmen. Drei Ausschnitte zeigen mit unbezweifelbarer Deutlichkeit, wie sehr sie sich noch Jahrzehnte nach der Taufe über den Antisemitismus von Kirche und Staat empörte.

So notiert sie am 5. April 1840 über die Karfreitagszeremonien in der Sixtina:

»Nach der Passion erschien der Papst, und es ward eine lateinische Rede mit großem Pathos und unermeßlichem Geschrei gehalten, hierauf kamen die Gebete, es wird nämlich rubrikenweise für, wirklich, Gott und die Welt gebetet, und bei jeder Rubrik beugten der Papst und die Kardinäle das Knie. Auch diese so uralte, einfache und schöne Handlung der Kreuzanbetung hat die katholische Kirche ... zur possenhaften Äußerlichkeit heruntergesetzt und knickst wie die Weiber beim Kaffeebesuch. Nur das Gebet für die Juden wird stehend abgemacht.«

Dreizehn Tage später heißt es im gleichen Reisetagebuch:

»Sonnabend den 18. ließen wir Juden und Heiden im Lateran ohne uns taufen und ruhten aus ...«[59]

Wieder in Berlin, schreibt sie 1843, im Jahr der 1000-Jahr-Feier des Deutschen Reiches unter dem Vorsitz Friedrich Wilhelms IV.:

»Neulich fiel mir einmal auf, wie beim Durchlesen einer einzigen Zeitung, also bei Ansicht unserer jetzigen Zustände, unzählige Male der gesunde Menschenverstand beleidigt wird. Der Adelige, der eine unwürdige Handlung begeht, wird ein Bürgerlicher (in Preußen), der Jude, welcher ein rechtlicher Mann ist, befindet sich in dem bürgerlichen Zustande eines ehrlosen Christen, d. h. ohne Ehrenrechte (in Sachsen).«[60] Zum Abschluß dieser Skizze – mehr kann es aufgrund der unbefriedigenden Überlieferungslage nicht sein – sei noch auf zwei Gesichtspunkte hingewiesen, die sich aus der Lektüre der hier vorliegenden Briefe ergeben. Felix Gilbert hat im Vorwort zu seiner Briefausgabe aufgezeigt, daß der »natürliche« soziale Platz der erst kürzlich aus dem Judentum hervorgegangenen Mendelssohns nicht innerhalb der regierenden Schicht, des Adels oder Beamtentums gewesen sei; die Familie habe vielmehr zu einem liberal-bürgerlichen Block, einer künstlerisch-wissenschaftlichen Elite gehört, deren Wortführer sich in ihrem Haus zu »Thee-Stunden«, Sonntagsmusiken und Abendunterhaltungen getroffen hätten. Gilbert stellt auf der anderen Seite fest, daß die Mendelssohns »wenig mit den sie umgebenden Kreisen verschmolzen«, und führt in diesem Zusammenhang das bis ins 20. Jahrhundert nachweisbare Phänomen der »Verwandtenehen« an.[61]

Fannys Briefe bestätigen diese Beobachtung auf frappierende Weise. Viele der darin erwähnten Freundinnen und Freunde, der im Hause verkehrenden Dichter, Maler, Musiker und Wissenschaftler entstammten dem assimilierten Judentum, waren sogar weitläufig mit den Mendelssohns verwandt. Marianne Saling z. B., als Mirjam Salomon geboren, war eine Kusine von Lea. Ihre Schwester Julie, eigentlich

Gela, heiratete den Mendelssohnschen Hauslehrer Karl Wilhelm Ludwig Heyse. Der Arzt und Librettist Johann Ludwig Casper war der Sohn des jüdischen Baumwolldruckers Caspar Jochim; seine Frau Fanny, eine Verwandte von Rahel Varnhagen, lieferte ihrer komponierenden Namensvetterin 1823 den Text zu einem ›Lied der Fee‹.[62] Eine andere befreundete Textdichterin war Friederike Robert, Rahels Schwägerin.[63] Der Psychiater und Physiologe David Ferdinand Koreff, der sich, wie Fanny berichtet, mit dem Gellert-Zitat »Petz ist wieder da!« ankündigte, hatte sich 1816 taufen lassen. Auch Adolph Bernhard Marx, der mit Felix zeitweise zerstrittene Musiktheoretiker, war Konvertit, ebenso wie der Komponist Ignaz Moscheles oder der aus der Familie Bendix stammende Maler Eduard Bendemann, der in seinem Werk bewußt jüdische Motive, z. B. solche des babylonischen Exils, verwendete. Der Rechtsphilosoph Eduard Gans hatte 1819 einen ›Verein für Kultur und Wissenschaft der Juden‹ gegründet, sich aber 1825 doch zur Taufe entschlossen. Die Geschwister Heydemann, die zusammen mit Fanny, Rebecka, Paul und anderen auf Hensels Zeichnung ›Das Rad‹ abgebildet sind, waren Kinder jüdischer Eltern.

Diese unvollständige Liste zeigt, daß es ein bei aller Weltoffenheit eng geschlossener Kreis war, der im Hause Mendelssohn verkehrte und von den Geschwistern mit Sympathie bedacht wurde. Der mit dem Katholizismus liebäugelnde Protestant Wilhelm Hensel hat seine Schwierigkeit, in diesen Kreis vorzudringen, in seiner Zeichnung ›Das Rad‹ demonstriert. Was ihm und seiner Schwester Minna in ihrer Güte und Toleranz gelang, brachte die Dritte im Bunde, die nonnenhafte Luise, niemals wirklich fertig. Trotz äußerlicher Sympathiekundgebungen ist es zwischen ihr, Fanny und Abraham nie zu einer Verständigung in religiösen Fragen gekommen. Fanny betrachtete den Katholizismus als anmaßende, antisemitische Religion. Und es ist wohl als pure Ironie zu verstehen, daß sie in Rom eine geweihte Palme für Luise kaufte.[64]

Diese Familien- und Freundschaftsstruktur ist von Gilbert und Werner mit dem Begriff »Clan« in Verbindung gebracht worden, einer Bezeichnung, der etwas von Engherzigkeit und Intoleranz anhaftet. Es ist sicherlich richtiger, von einem spontanen Zusammenschluß Gleichgesinnter zu sprechen, die durch dasselbe geistige und politische Schicksal miteinander verbunden waren.

Wie taktvoll und sensibel man in diesem Kreis miteinander umging, zeigt Fannys Schilderung des Weihnachtsfestes von 1833 (= Brief Nr. 23 dieser Sammlung). Daß es keinen Tannenbaum, keine Weihnachtslieder, kein Christkind gab, ist nicht besonders bemerkenswert, da der Lichterbaum erst 1830 in der Münchner Residenz eingeführt wurde und der Heilig-Abend-Kult der patriarchalischen Bürgerfamilie erst Jahrzehnte später zur Entfaltung kam.[65] Es ist aber in Fannys gewissenhaftem Bericht auch nicht von Kirchbesuch, Rezitation der Weihnachtsgeschichte oder irgendeiner Handlung die Rede, die auch nur ganz entfernt an Christi Geburt erinnert hätte. Abraham und Lea waren erst elf Jahre zuvor getauft worden. Unter den zahlreichen Gästen waren der noch »jüngere« Konvertit Eduard Gans und der Maler Julius Moser, einer der wenigen, die sich der Taufe verweigert hatten. In diesem Kreis die Geburt Jesu als Familien- und Freundesfest zu feiern wäre geschmacklos, ja verletzend gewesen. Man verhielt sich statt dessen völlig unreligiös, spielte kleine Theaterstücke mit antiken und politischen Motiven, kostümierte sich und verteilte Geschenke im ursprünglichen, durch Grimm belegten Sinn des Wortes, einer an traditionelle Gebeverpflichtungen anknüpfenden Aktion auf Gegenseitigkeit[66]: die Kunststudenten beschenkten ihren Professor, das Personal die Dienstherren und umgekehrt. Wenn überhaupt eine derartige Deutung legitim ist, könnte die Annahme einer von religiösem Gehalt befreiten Synthese zwischen Weihnachts- und Chanukkafest naheliegen. Das Chanukkafest fällt mit Weihnachten zeitlich etwa zusammen und hat ausgesprochen fröhlichen, geselligen Charakter.

Man feiert im großen Freundeskreis und beschenkt die Kinder mit Spielzeug und Süßigkeiten.

Ehefrau und Schwester

Kurz bevor Fanny ihren Wilhelm heiratete, schrieb der Lieblingsbruder Felix an die Mutter Lea:

»Lebt und webt, heirathet Euch und seid glücklich, baut Euch das Leben zu . . .und bleibt Ihr dieselben, dann laßt es draußen rütteln, wie's mag; übrigens kenne ich Euch beide ja, und somit gut. Ob ich die Schwester dann Fräul. oder Madame anrede, bedeutet wenig, der Name thut wenig.«[67]

Mit diesen Worten des selbst von einer Namensänderung schmerzlich Betroffenen sollte man eigentlich die Diskussion um die rechte Benennung Fannys – Hensel, Mendelssohn oder Mendelssohn Bartholdy – als einen Streit um Äußerlichkeiten abschließen. Es wäre lediglich noch hinzuzufügen, daß das traditionelle Namensrecht, dessen Reformierung erst in unseren Tagen stattfand, nicht nur im Falle Fannys für Verwirrung gesorgt hat: Auch Bettina von Arnim, Clara Schumann und Rahel Varnhagen werden in der Literatur unter ihren Ehe- und Mädchennamen geführt. Frauen, die mehrmals verheiratet bzw. geschieden waren, kennen wir sogar unter drei bis vier Namen: Dorothea als Schlegel, Veit und Mendelssohn, Caroline als Schelling, Schlegel, Böhmer und Michaelis. Diese Situation ist sicherlich nicht »schön«, weder vom emanzipatorischen noch vom bibliographischen Standpunkt aus. Andererseits wird der Name, für den man sich mehr oder weniger subjektiv entscheidet, an der Bewertung von Leben und Werk wenig ändern, es sei denn – und diesen Fall haben wir hier – er wäre so wenig allgemein bekannt, daß seine Trägerin keine Chance hätte, unter diesem »Etikett« in die Geschichte einzugehen.

Hensel, dessen hervorragendes Verdienst als Chronist einer ganzen Epoche damit keineswegs herabgewürdigt werden soll, war als Maler und Zeichner schon zu Lebzeiten umstritten. Sein Name ist heute nur noch Experten ein Begriff.

Nicht ohne Grund ließ sich Fanny auf den Titelseiten ihrer veröffentlichten Werke »Fanny Hensel, née Mendelssohn Bartholdy« nennen. Von ihrem Gatten sprach sie in der Regel als »Hensel«, seltener nannte sie ihn »Wilhelm« oder »meinen Mann«. Auch Rebecka titulierte ihren Ehemann mit »Dirichlet«. Es ist dagegen nicht bekannt, daß Abraham von Lea jemals »Mendelssohn Bartholdy« genannt worden wäre.

Spiegelt sich in diesen Differenzierungen nur ein salopper werdender Sprachgebrauch oder ein distanzierteres Verhältnis der Frau zum Ehemann? Es wäre zumindest denkbar, daß Abraham als der eigentliche pater familias galt, Hensel und Dirichlet aber als später hinzugekommene Schwiegersöhne betrachtet wurden, die ja auch viele Jahre im Mendelssohnschen Familienpalais lebten. Hensel hat mit seiner Familie nie ein eigenes Domizil bezogen, Dirichlet erst lange nach der Eheschließung (und gegen Fannys ausdrücklichen Wunsch).

Der Akademieprofessor Wilhelm Hensel hatte natürlich seine geregelten Einkünfte. Aber materiell unabhängig wurde er erst durch die Heirat mit Fanny Mendelssohn. Als Sohn einer armen Pfarrerswitwe, der seine Studien selbst finanziert und dazu noch die Geschwister miternährt hatte, war er mit Not und Sparsamkeit großgeworden. Es ist daher nicht verwunderlich, daß die aus vermögender Familie stammende Lea, die überhaupt über Fannys Entschluß nicht glücklich war, den künftigen Schwiegersohn zwar vollendet höflich, aber doch deutlich bevormundend behandelte. Die Briefe, die sie ihm während seines römischen Aufenthalts schrieb – eine direkte Korrespondenz mit Fanny hatte sie verboten –, enthielten so viele Maßregeln künstlerischer und allgemeinpädagogischer Art, daß man sich fragen muß, warum der damals immerhin schon öffentlich geehrte, über dreißigjährige Maler nicht entschieden dagegen protestierte.[68] Er tat es, soweit bekannt ist, nicht, berichtete lediglich seiner Schwester Luise von gewissen Schwierigkeiten mit der »Mutter, eine(r) sonst treffliche(n) und geistreiche(n) Frau«.[69]

Auch in der 18 Jahre dauernden Ehe, die Fannys Tagebuchaufzeichnungen zufolge sehr glücklich war, spielte er nicht die traditionell männliche Rolle. So sahen es zumindest Zeitgenossen, die sich teils mit Befremden, teils augenzwinkernd darüber äußerten, daß er seiner talentvollen Frau so selten widersprochen habe.[70] Wenn wir auch bei der Bewertung solcher Zeugnisse berücksichtigen müssen, daß die Beobachter diese Ehe nur von außen kannten und sich von der kreativen Fanny bedroht gefühlt haben mögen, ganz gleich, wie deren Beziehung zu Wilhelm nun wirklich war, so scheint doch aus den hier vorliegenden Briefen eines hervorzugehen:

Während der Verlobungszeit und der ersten Ehemonate war nicht Wilhelm, sondern Felix ihr »Alpha und Omega«, dessen Kunst, Charakter und Intelligenz sie sich bedingungslos unterordnete. Daß dieses Verhältnis sich später änderte, daß sie lernte, Kritik an Felix' Kompositionen zu üben und schließlich sogar *ihr* Recht als Komponistin zu verteidigen, ist ebenso klar. Stimmt es aber, daß sie, wie Werner in seiner Biographie behauptet, hysterisch, sentimental, eifersüchtig, von »dunkleren, manchmal das Abnormale streifenden Triebe(n)« beherrscht, kurz, in den Bruder verliebt war?[71]

Die hier erstmals veröffentlichten Briefe aus der zweiten Hälfte des Jahres 1829 wirken in der Tat wie sehr innige, ernsthafte Liebeserklärungen und mögen für manchen Psychoanalytiker aufschlußreich sein. Wenn Fanny immer wieder beteuert, Wilhelm könne Felix nicht aus ihren Gefühlen verdrängen, wenn sie in den ersten Ehewochen schreibt, sie sei, obwohl jetzt nicht mehr Jungfrau, innerlich dieselbe geblieben, dann konstruiert sie ein in den Augen heutiger Leser befremdliches Spannungsverhältnis zwischen Bruder und Liebhaber.

Aber – war es das auch nach den Maßstäben der damaligen

Zeit, in der Künstler und Intellektuelle ungehemmt über ihre Gefühle schrieben, unbelastet vor allem von späteren psychoanalytischen Normierungen, die dergleichen als ödipal, inzestuös, hysterisch usw. verurteilen sollten? Wer romantische Künstlerbriefwechsel studiert, wird seine Kriterien gerade hinsichtlich der Emotionen unter Verwandten wesentlich erweitern müssen. So berichtet z. B. auch Clara Wieck, daß sie seit ihrer leidenschaftlichen Liebe zu Robert nicht mehr recht zärtlich mit dem Vater sein könne, und der Verlobte sagt ohne Umschweife: »Einen wirst Du lassen müssen, ihn oder mich.«[72]

Ein Hauch von jener ängstlichen Spießigkeit, die ein sich psychoanalytisch geschult glaubender Biograph wie Werner zur »Norm« erhebt, lag wohl auch schon zu Fannys Zeit in der Luft. In einem Brief an Luise Hensel klagt sie über die bevorstehende Trennung von ihrem Bruder, die ihr schwerer fiele als sie ihr oder irgend jemandem sagen könne. Und im nächsten Satz fügt sie hinzu:

»Ich fürchte aber nicht, ihn deshalb jemals weniger zu lieben, weil ich Wilhelm liebe, ich kann überhaupt diese Enge des Herzens nicht begreifen, worin der Bruder oder die Freundin dem Geliebten erst Platz machen muß, als wär's eine Wohnung mit abgeschlossenen Räumen.«[73]

Und Felix? Werner stellt ihn als den »normal« empfindenden Unschuldsknaben hin, dem Fannys Gefühlsbeteuerungen »zuwider« gewesen seien. Diese Interpretation ist den Quellenaussagen zufolge falsch. Denn Felix empfand, bei aller aufrichtigen Freundschaft, eine gewisse Eifersucht auf Hensel, die er besonders deutlich in einem Brief vom 10. 9. 1829 zeigt, in dem er ihm die Fähigkeit, »seinen Cantor« – Fanny – treffend zu porträtieren, rundheraus abspricht:

»Auch Fannys großes Portrait ist schön, aber es gefällt mir nicht«, heißt es dort. »Ich sehe, wie herrlich es gezeichnet, wie sprechend ähnlich es ist; aber in der Stellung, Kleidung, im Blick, in der ganzen sybilligen Prophetenhaftigkeit oder schwärmenden Begeisterung ist mein Cantor nicht getroffen! Da liegt die Begeisterung nicht so oben auf, mehr innen drin, und zeigt sich nicht in gen Himmel sehen, oder im Ausstrecken des Arms, oder im wilden Blumenkranz, denn alles das sieht einer auf den ersten Blick. Das muß er aber nicht, sondern erst nach und nach draus klug werden. Nimm mir das nicht übel, Hofmaler, aber ich kenne meine Schwester doch länger als Du, habe sie als Kind auf meinen Armen getragen (Übertreibung) ...«[74]

Es mag durchaus sein, daß der Europa bereisende Kavalier die Trennung von der Schwester weniger schmerzlich empfunden hat als umgekehrt, schon allein, weil er durch neue Erlebnisse und Begegnungen abgelenkt wurde. Aber mitten in dieser »bewegten Welt«, wie Fanny es einmal nannte, sehnte er sich doch immer wieder nach der Ruhe, dem Vertrauen, der Sicherheit, die von ihr ausgingen, nicht nur im musikalischen Fachgespräch, sondern auch im menschlichen Zusammensein. »Ein Mensch fehlt mir hier«, schreibt er da etwa aus Rom, »dem ich Alles sehr offen mittheilen könnte, der meine Musik im Entstehen läse und mir doppelt lieb machte, bei dem ich mich so recht vollkommen erholen u. ausruhen u. recht aufrichtig von ihm lernen könnte.«[75]

Ein von Werner übersehener Aspekt ist der, daß Felix, nachdem Fanny geheiratet hatte, ein geradezu schwärmerisches Verhältnis zu Rebecka, seiner anderen Schwester, entwickelte. Über diese Dreierbeziehung berichtet der gewiß unvoreingenommene Jugendfreund Eduard Devrient, der »Komödiant«, der die Matthäuspassion mit aus der Taufe gehoben hatte:

»Seine älteste Schwester Fanny stand ihm durch ihre eminente musikalische Befähigung sehr nahe, und ihr trefflich Charakter, ihr durchaus vernünftiges, aber reiches Gefühlsleben ... vermochte in Felix' erregtem Wesen manches auszugleichen ... In seine jüngste Schwester Rebecka, welche jetzt in die Blüte jungfräulichen Reizes trat, war Felix fast verliebt.«

Als Felix am Tag seiner geplanten Abreise nach Italien

keinen Abschied von Rebecka nehmen durfte, weil sie – mit 19 Jahren! – an Masern erkrankt war, sei er in »wahre Verzweiflung«, »Bräutigamszärtlichkeit« und »kindischen Jammer« geraten.[76] Er habe sich aber dennoch angesteckt. Eduard Devrient berichtet das alles ohne moralisches Naserümpfen. Er wohnte mit seiner jungen Frau Therese, einer mit Fanny befreundeten Sängerin, die ebenfalls konvertierte Jüdin war, längere Zeit im Hause Mendelssohn und hatte von daher guten Einblick in die Verhältnisse. Seiner Meinung nach war in Felix' von tiefster Pietät getragener Beziehung zu den Eltern, aber auch im Verhältnis der Geschwister untereinander ein greifbarer Rest jüdischen Familiensinns zu erkennen, ein Standpunkt, den wir bei aller notwendigen Relativierung ernst nehmen müssen.

Was Else Croner 1913 in einer zwar populär formulierten, aber doch gründlichen und lebensnahen Studie über jüdische Geschwisterbeziehungen sagt, läßt sich fast Wort für Wort auf das Verhältnis zwischen Felix, Fanny und Rebecka übertragen:

Der Bruder fühle sich lebenslang für die Schwestern verantwortlich, heißt es dort. »Aber all diese ... Fürsorge ist sehr oft nur eine Gegengabe für eine Kette von Opfern, Entbehrungen aller Art, die jüdische Schwestern in ihrer Jugend den Brüdern gebracht haben. Sie arbeiten, entbehren, degradieren sich beruflich und menschlich bis zur Selbstauslöschung ...; ihr einziges Ziel ... ist: dem Bruder die großen Bildungstore zu öffnen ... Das sind Verhältnisse, die ein Nichtkenner jüdischer Eigenart einfach als ›unmoralisch‹ bzeichnen würde und die doch in Wahrheit die tiefste menschliche ... Moral bergen, die des bedingungslosen, gegenseitigen, geschwisterlichen Schutz- und Trutzbündnisses.«[77]

Jüdische Geschwister, so fährt Else Croner fort, zögen nach der Heirat gern in dasselbe Viertel, möglichst sogar in das gleiche Haus. Auch das trifft, zumindest partiell, auf die Familie Mendelssohn zu. Als Felix 1841 zum Königlich

Preußischen Kapellmeister ernannt wurde, bezog er mit Cécile und den Kindern eine Wohnung auf der Leipziger Straße 112, wenige Minuten vom Domizil Fannys entfernt. Bevor Rebecka mit Mann und Kindern 1845 aus Italien zurückkehrte, richtete Fanny ihr eine Wohnung auf der Leipziger Straße 18 ein. Immer, wenn Felix außerhalb von Berlin tätig war, zieht sich die Klage über das »Unglück, daß wir nicht zusammen leben können«, wie ein Leitmotiv durch Fannys Briefe.

Man könnte die Frage stellen, ob diese innige Geschwisterbeziehung nicht doch eine Bedrohung und Zurücksetzung für Wilhelm, jenen an Fannys Kette hängenden Außenstehenden, der sich mit Mühe in das »Rad« schwingt, bedeutet hat. Einerseits weiß man zu wenig über ihn, um darauf ohne Spekulation antworten zu können. Es sind ja nicht einmal seine Briefe aus der Verlobungszeit erhalten! Andererseits spricht vieles dafür, daß er die Situation nicht als belastend empfunden, sie im Gegenteil vielleicht sogar gesucht hat. Denn wer sich mit Luises Leben beschäftigt, wird zu der verblüffenden Erkenntnis kommen, daß sie sich nicht nur mit dem Bruder künstlerisch identifiziert – beide malten und dichteten –, sondern ihn auch mit leidenschaftlichen Gedichten bedacht hat, gegen die Fannys Briefe an Felix geradezu nüchtern wirken. Einige Zitate belegen dies mit aller Deutlichkeit:

Der Bruder mein tat ziehen
Mit Königs stolzem Heer,
Läßt einsam mich verblühen,
Will keine Blumen mehr.

*

Und wenn ich sang von Liebesschmerz,
Vom fernen Buhlen mein,
So meinte keinen doch mein Herz,
Den Bruder nur allein.

Ich denke Dein, wie junge Bräute pflegen,
Wenn man den Liebling grausam ihnen nahm.[78]

Die Sprache der Liebe ist in diesen Gedichten unmittelbar präsent. Interessant ist, daß Luise sich nie verheiratet, sondern Anträge von Brentano, Wilhelm Müller, Ludwig v. Gerlach und Ludwig Berger ausgeschlagen hat. Mit Brentano, dem sie wohl am meisten zugetan war, hätte sie allenfalls eine »kinderlose und keusche« Ehe führen wollen.[79] Als der Aachener Arzt Clemens August Alertz sie bat, seine Frau zu werden, lehnte sie dem »himmlischen Bräutigam« zuliebe ab. Diesem widmete sie auch mystische Gedichte wie dieses:

Ich habe einen Liebsten funden,
Derselb' ist nicht von dieser Welt,
Dem hab' ich einzig mich verbunden,
Ihm treu zu sein in allen Stunden:
Er ist's, der mir allein gefällt.[80]

Recht bald nach der Verheiratung ihres Bruders wurde Luise depressiv; sie fühlte sich, wie sie einer befreundeten Nonne in Lüttich schrieb, »recht lebensmüde und verlassen von Gott«, hatte »Ekel an Allem«, auch an sich selbst. Sie könne nicht weiter, ihr Gemüt sei »sehr krank«. In der Zeit von 1832 bis 1848 schrieb sie nur ein einziges Lied. Erst dann – ein Jahr nach Fannys Tod, der Wilhelm völlig gebrochen zurückließ – setzte ihre Produktivität wieder ein.[81] In den drei Jahren, die sie mit Hensels zusammenlebte, ließ sie es nicht an Beschwerden über Fanny fehlen. Sie habe nur eine »äußerliche Richtung« und übe einen ungünstigen Einfluß auf den Bruder aus, der zwar nicht »ohne Religion, aber jetzt völlig ohne kirchliche Richtung« sei, »Kunst und Frau und Kind« übertäubten sein »höheres Bedürfniß«.[82]

Die Ausdeutung und Fortsetzung dieser vorläufigen Beobachtungen würde den Rahmen dieses Nachwortes sprengen. Wichtig wäre beispielsweise noch eine Untersuchung der Beziehung von Fanny und Rebecka zu Felix' Frau Cécile, ein Aspekt, dem Victoria Ressmeyer Sirota mit Recht sehr viel Aufmerksamkeit widmet. Aber schon in dieser verknappten Form sprechen die Zitate dafür, daß es sich um ein Netz hochkomplizierter Geschwister- und Liebesbeziehungen handelte, aus dem man Fanny nicht als »abnormen« Einzelfall herausgreifen kann.

Anstelle einer Zusammenfassung

Wilhelm Hensel an Luise Hensel. Berlin, den 28. Mai 1847.

Geliebte Schwester!

Wie oft habe ich mir schon das Blatt hingelegt, es von Stube zu Stube getragen, und dann ist es mir doch zu schwer geworden. Helfe Gott, der so Überschweres auferlegt, nun uns Armen auch all dabei! Amen. Du siehst, wie das schon nach Ergebung klingt, und daß ich mich wenigstens nicht auflehne gegen Gott, wenn ich ihn auch diesmal so ganz unbegreiflich finden muß, ein Leben, so voll Segen für andre, so voll Freude für sich, so dankbar gegen ihn! Ach! warum, warum, warum so früh? So in vollster freudigster Entwicklung der geschenkten Gaben, so unbedürftig noch eines höhern Glücks? Du wirst wollen, ich soll nicht fragen, aber tue ich nicht schon alles Menschenmögliche, wenn nicht rechten mit Gott? –

Und unser Sohn! Dieses reine Beispiel, dieses makellose Vorbild sittlicher Würde, sichtbar vor ihm wandelnd, hinweggenommen, dieses Vorbild, an dem er sich erstarken konnte in dieser schwersten Zeit seiner Entwicklung an Leib und Geist! Und allein muß ich mit ihm nun zu Rat sitzen über die Entscheidungen seines Lebens, alle Verantwortung darüber liegt allein auf mir! Gebe denn Gott mir die Kraft, daß ich überall in *ihrem* Sinn handle, der ja der reinste, der heiligste gewesen, den ich im Menschen gefunden habe, und ihm gebe er ihrer Seele sichre Wahrhaftigkeit! –

Meine auch nicht leichte Nebenaufgabe ist nun zugleich dem äußern, öden Dasein wieder eine Gestalt zu geben, und sie kann freilich nur eine ganz andre sein. Der Sturm Gottes ist durch mein Haus gefahren und hat es niedergeworfen, da kann ich nicht in törichtem, fruchtlosen Bemühen einzelne Pfosten halten wollen. Es ging ein heller Geist durch dieses Haus, er ist hinausgegangen, und wie ich die Hülle, die leibliche, nachtragen müßte, so kann ich auch das Haus nur aufgeben, in dem ihr Geist gewaltet hat. Niemand kann, darf es wieder beleben. So hab' ich meinen Hausstand aufgelöst. Es tut mir leid um Minna, in liebevollem Bruderherzen herzlich leid, aber weiß Gott, ich kann nicht anders. Meine Seele erträgt *kein* andres Walten in diesen Räumen, ich müßte mich aufreiben bei dem Anblicke und habe mich doch zu erhalten für meinen Sohn. Leer, still, werden diese Räume mir wie Kirche sein, und ich werde mich darin stärken können für die übermenschliche Aufgabe, die mir durch Ertragensollen des Lebens geworden ist. Für Sebastian ist es auch besser, sein junges Leben braucht Lebensfrische um sich, jungen Wuchs, mit dem er wachse, und Einwirkungen nicht so zerbrochener Naturen als die meine ist. Dabei trenn' ich mich nicht von ihm, gebe ihm nur Ersatz der Eigenschaften, die mir genommen sind. Rebecka zieht über uns in die kleine Wohnung und nimmt uns in Kost, bis Sebastian sein Examen gemacht hat und wir beide hinausziehen in die Welt, wo es ihm am besten sein wird hinzugehen. Ich habe keinen Wunsch mehr für mich, keine Vorliebe für ein Land, keine Liebe mehr für meine Kunst. Möchte die letztere wenigstens wieder erwachen, so daß ich sie üben könnte zu Fannys Preis! – Und auch ich brauche Öde und Schweigen des Grabes um mich. Minna denke ich Dir selbst zu bringen und so Dich schmerzlich wiederzusehn. Hierher komme nicht, ich müßte zu schneidend empfinden, wie es war, als Du auf *ihren* liebevollen Ruf erschienst! Eine gastliche Schwelle hat das Haus Hensel fortan nicht mehr. –

Einen Beweis der Liebe für Euch Schwestern werdet Ihr

noch durch ihr Testament, dessen betreffende Stelle Euch zugefertigt werden wird, ersehn. Auf ihren Antrieb haben wir Euch nämlich, *jeder von Euch*, 300 Reichstaler jährliche Rente vermacht, mit dem Aussprechen des *Wunsches* (aber nicht Bestimmung), daß Ihr die 600 Reichstaler gemeinschaftlich lebend verwenden möchtet; wird Eine abgerufen, erhält die Überlebende 400 Reichstaler. Nun sollte das freilich erst nach unserm *beiderseitigen* Tode anfangen..., doch denke ich es gleich ins Leben treten zu lassen. Das Nähere darüber nächstens. Für heute lebewohl.
Dein treuer Bruder Wilhelm.[83]

Anmerkungen zum Nachwort

1 Vgl. Crum, Margaret, Catalogue.

2 Fröhlich, H.-J., in: Frankfurter Allgemeine Zeitung vom 5. 10. 1982.

3 Brief an Fanny, Paris, 3. 3. 1821. – Zit. nach Gilbert, Bankiers, S. 46.

4 Felix' Antwort- bzw. »Familien«-Briefe liegen zum großen Teil in der Library of Congress, Washington. Ein weiterer wichtiger Teil befindet sich im Mendelssohn-Archiv der Staatsbibliothek Preußischer Kulturbesitz (Musikabteilung), Berlin, sowie in Privathand. Von der in Berlin vorbereiteten Mendelssohn-Briefausgabe ist bisher erst ein Band (1968) erschienen.

5 Fanny an Mutter und Geschwister, Rom, 20. 5. 1840. – Zit. nach Fanny Mendelssohn, Italienisches Tagebuch, S. 115.

6 Krautwurst, Fanny Hensel. – Elvers, Fanny Cäcilia Hensel. – Lowenthal-Hensel, Art. Fanny Hensel, in: Hensel, Wilhelm, Preußische Bildnisse, S. 28f. – Dies., Mutter und Sohn. – Weissweiler, Komponistinnen, S. 183ff. – Fanny Mendelssohn, Italienisches Tagebuch, S. 5ff. (Vorwort) – Sirota, Fanny.

7 Als Abschriften und Leihgaben teilweise im Mendelssohn-Archiv, Originale wahrscheinlich in Privatbesitz. Der von Rudolf Elvers und Cécile Lowenthal-Hensel für 1982 angekündigte erste Band einer Gesamtausgabe ist nicht erschienen.

8 Gilbert, Bankiers, S. IL f. – Werner, Mendelssohn, S. 8, 11, 53, 178, 318, 326.

9 Hiller, Briefwechsel, Bd. IV, S. 84. Brief Sebastian Hensels an Ferdinand Hiller, Berlin, 10. 7. 1879: »Ganz besonders danke ich Ihnen, daß Sie für meinen Titel ›Die Familie Mendelssohn‹ warm eingetreten sind und ihn berechtigt gefunden haben. Die Familie Mendelssohn war anderer Meinung! –«

10 Kupferberg, Mendelssohns, S. 197.

11 Elvers, Fanny Cäcilia Hensel.

12 Dahms, Mendelssohn, S. 115.

13 Werner, Mendelssohn, S. 149f., 557.

14 Sirota, Fanny, S. 10, 17. – Elvers (Verzeichnis) datiert Fannys Sammelband MAMs. 31 auf 1820-1829 statt richtig auf 1820-1838. Das Klavierquartett in As-Dur (MAMs. 32) wird dort als »Streichquartett« bezeichnet. Die Tonart des im Autograph verschollenen Klaviertrios (op. 11) ist nicht, wie bei Elvers (Fanny Cäcilia Hensel) angegeben, D-Dur, sondern d-Moll.

15 Lowenthal-Hensel, Mutter und Sohn, S. 59.

16 Die öffentliche Uraufführung dieses Oratoriums fand am 27. 5. 1984 in St. Maria Himmelfahrt, Köln, unter der Leitung von Elke Mascha Blankenburg statt.

17 MAMs. 48. Herbst 1843.

18 Mendelssohn Bartholdy, Paul, Briefe II, S. 91ff. (Brief an Lea Mendelssohn Bartholdy, 2. 6. 1837).

19 Lowenthal-Hensel, Mutter und Sohn, S. 59.

20 Sirota, Fanny, S. 62. Die Verfasserin erhielt nur die Tagebücher von 1829-1834 (vgl. S. IX) zur Einsicht. Zu den in Privatbesitz befindlichen Kompositionen aus der Zeit um 1834 (vgl. S. 76) erhielt sie keinen Zugang. Auf S. 133 heißt es: »Die in den folgenden Kapiteln vorgenommene Analyse basiert notwendigerweise auf einer unvollständigen Vertrautheit mit Fanny Hensels Gesamtwerk. Die ersten und letzten Sammelbände, die zwischen 1842 und 1845 geschriebenen, und die aus der Zeit der wichtigsten Ereignisse in ihrem Leben (ihre Hochzeit, ihre Italienreise) sind wahrscheinlich sämtlich in Privatbesitz.«

21 Es wird weder bei Elvers (Fanny Cäcilia Hensel) noch in den Artikeln von Lowenthal-Hensel behandelt.

22 Lowenthal, Ernst G., Juden in Preußen, S. 102.

23 Herz, Jugenderinnerungen, S. 110.

24 Juden in Preußen, S. 82, 85, 86.

25 Gilbert, Bankiers, S. XVIII.

26 Id., S. 58f.

27 Herz, Jugenderinnerungen, S. 111.

28 Zit. nach Binder, Luise Hensel, S. 261.

29 Gilbert, Bankiers, S. XXXVI.

30 Zit. nach Brunschwig, Gesellschaft, S. 164.

31 Zit. nach: Juden in Preußen, S. 159.

32 Brunschwig, Gesellschaft, S. 161.

33 Greive, Geschichte, S. 19ff.

34 Vgl. S. 123

35 Rühs, Friedrich: Über die Ansprüche der Juden an das deutsche Bügerrecht, Berlin 1816, und Die Rechte des Christentums und des deutschen Volkes, Berlin 1816.
Fries, Friedrich: Über die Gefährdung des Wohlstandes und Charakters der Deutschen durch die Juden, Heidelberg 1816.

36 Juden in Preußen, S. 160f.

37 Werner, Mendelssohn, S. 39, 550.

38 Id., S. 31f.

39 Brief Abrahams an Fanny zum 23. Geburtstag. – Zit. nach Hensel, Familie I, S. 117.

40 Croner, Moderne Jüdin, S. 24.
41 Herz, Jugenderinnerungen, S. 122.
42 Gilbert, Bankiers, S. XXVII.
43 Z. B. Johann Heinrich Campe und Wilhelm Heinrich Riehl (vgl. Literaturverzeichnis).
44 Herz, Jugenderinnerungen, S. 126.
45 Zit. nach Hensel, Familie I, S. 111f.
46 Werner, New Light, S. 554).
47 Werner, Mendelssohn, S. 64 (Brief vom 23. 7. 1833)
48 Fanny an Felix, 29. 10. 1835 (GBO).
49 Zit. nach Werner, New Light, S. 552.
50 Werner, Mendelssohn, S. 312f.
51 In den Statuten der »Christlich-deutschen Tischgesellschaft« von 1811 gab es einen »Arierparagraphen«, nach dem auch getaufte Juden und deren Nachkommen (!) von der Mitgliedschaft ausgeschlossen waren. (Vgl. Juden in Preußen, S. 27).
52 Zit. nach Werner, Mendelssohn, S. 36, 500.
53 Nach unveröffentlichten Tagebüchern Heyses zit. bei Werner, Mendelssohn, S. 63, 551.
54 So beurteilt von Eduard Devrient, Erinnerungen S. 7.
55 Beide unveröffentlichten Briefe zit. nach Werner, Mendelssohn, S. 64.
56 Devrient, Therese, Jugenderinnerungen, S. 42-53.
57 Vgl. Werner, Mendelssohn, S. 62.
58 Heine, Heinrich: Deutschland, ein Wintermärchen, Caput XVI (1844):

»O Kaiser, rief ich, wie bist du zurück!
Der Moses ist längst gestorben,
Nebst seiner Rebekka, auch Abraham,
Der Sohn ist gestorben, verdorben.

Der Abraham hatte mit Lea erzeugt
Ein Bübchen, Felix heißt er,
Der brachte es weit im Christentum,
Ist schon Kapellenmeister.«

Heine hatte bekanntlich die Taufe als »Eintrittsbillett zur europäischen Kultur« bezeichnet, sich aber selbst 1825 taufen lassen, was die ganze Tragweite des Konfliktes widerspiegelt.
59 Mendelssohn, Fanny, Italienisches Tagebuch, S. 88, 91.
60 Zit. nach Lowenthal-Hensel, Mutter und Sohn, S. 63.
61 Gilbert, Bankiers, S. XXXII ff.
62 MAMs. 33.

63 Vgl. z. B. Fannys Lieder »Die Schwalbe« (MAMs. 33) und »Heimweh« (MAMs. 34). Die Feststellung von Cécile Lowenthal-Hensel (Mutter und Sohn, S. 59), Fanny habe in den 1820er Jahren Texte befreundeter »junger Männer« vertont, ist ergänzungsbedürftig. Fanny vertonte auffallend oft auch Texte von Dichterinnen, z. B. Helmina v. Chézy, Marianne von Willemer, Marianne Saling u. a.

64 Brief Luise Hensels an Clemens Brentano (20. 11. 1840). Zit. bei Binder, Luise Hensel, S. 309.

65 Weber-Kellermann, Familie, S. 225.

66 Grimm, Schenken und Geben.

67 Brief v. 25. 9. 1829. Zit. nach Elvers, Briefe, S. 95.

68 Vgl. z. B. Gilbert, Bankiers, S. 65 (Brief v. 4. 1. 1826).

69 Gilbert, Bankiers, S. 60 (Brief v. 1. 12. 1823).

70 Reumont, König Friedrich Wilhelm IV., S. 221.

71 Werner, Mendelssohn, S. 95ff.

72 Schumann, Clara und Robert, Briefwechsel I, S. 272 (Brief v. 24. 10. 1838).

73 Gilbert, Bankiers, S. 77 (Brief v. 30. 3. 1829).

74 Zit. nach Elvers, Briefe, S. 93.

75 Zit. nach Sutermeister, Briefe einer Reise, S. 80.

76 Devrient, Erinnerungen, S. 65f., S. 95.

77 Croner, Moderne Jüdin, S. 66ff.

78 Zit. nach Spiecker, Luise Hensel, S. 38ff.

79 Spiecker, Luise Hensel, S. 51.

80 Id., S. 88.

81 Vgl. Spiecker, Luise Hensel, S. 95ff.

82 Vgl. Luise Hensels Briefe an Schlüter und Brentano. Zit. nach Binder, Luise Hensel, S. 248 und Cardauns, Luise Hensel, S. 98.

83 Zit. nach Gilbert, Bankiers, S. 145ff.

ZWEI BAGATELLEN

für die

SCHÜLER

des

Schindelmeisser'schen Musik-Instituts

componirt von

FANNY HENSEL.

Preis 7½ Sgr.

Eigenthum des Verlegers

T. Trautwein'sche Buch-u. Musikalien-Handlung. (J. Guttentag.)

Berlin, Breite Str. N. 8

London bei J.J. Ewer & Co

Petersburg bei Richter

Hamburg bei A. Cranz.

Leipzig bei C.F. Leede

4 T.Trautwein'sche B.u.M.Hdl.
(J.Guttentag.) in Berlin.

Zwei Bagatellen.

Fanny Hensel.

Nº 1.

FINE.

No. 2.

8

10

Personenregister*

Die Seitenzahlen sind geordnet nach: Zeittafeln (Z), Briefen (B), Kommentaren (K), Nachwort (N) sowie Motti und Abbildungen (Abb.). Kursiv gedruckte Ziffern bedeuten Erläuterungen. Verwandtschaftsverhältnisse – wenn nicht anders angegeben, auf Fanny und Felix bezogen – werden durch folgende Abkürzungen bezeichnet: Ugv, Ugm = Urgroßvater, -mutter; Gv, Gm = Großvater, -mutter; V = Vater, M = Mutter; Br = Bruder, Sw = Schwester; So = Sohn, To = Tochter; Cn = Cousin, Cne = Cousine; O = Onkel, Ta = Tante; Em, Ef = Ehemann, -frau

* Fanny und Felix Mendelssohn werden in diesem Register nicht aufgeführt.

Weitere Titel aus der Reihe
›Frau in der Literatur‹

Die Frau in der Literatur

MIGUEL DE UNAMUNO
Tante Tula
Mit einem Nachwort von
Klaus Ley
Ullstein Buch 30136

Ottilie von Goethe
Ein Porträt
Herausgegeben und mit
einem Nachwort versehen
von Ulrich Janetzki
Ullstein Buch 30138

ELIZA ORZESZKOWA
Die Hexe
Mit einem Nachwort von
Anna Popko-Wandelt
Ullstein Buch 30139

LOU ANDREAS-SALOMÉ
Fenitschka
Eine Ausschweifung
Mit einem Nachwort von
Ernst Pfeiffer
Ullstein Buch 30140

CHARLOTTE LENNOX
Der weibliche Quichotte
oder Arabellas Abenteuer
Mit einem Nachwort von
Friedemann Berger
Ullstein Buch 30141

MARIAMA BÂ
Ein so langer Brief
Ein afrikanisches
Frauenschicksal
Mit einem Nachwort von
Rolf Italiaander
Ullstein Buch 30142

UNICA ZÜRN
Der Mann im Jasmin
Dunkler Frühling
Mit einem Nachwort von
Ruth Henry und einem Essay
von Jean-François Rabain
Ullstein Buch 30143

LIN YUTANG
Die Kurtisane
Mit einem Nachwort von
Gertraude Kulas
Ullstein Buch 30144

MARCEL SCHWOB
Das Buch Monelle
Mit einem Nachwort von
Peter Krumme
Ullstein Buch 30145

THEODOR DREISER
Jennie Gerhardt
Mit einem Nachwort von
Dietmar Haack
Ullstein Buch 30147

Olivia
von Olivia
Mit einem Nachwort von
Henriette Beese
Ullstein Buch 30148

FERDINAND VON SAAR
Ginevra
und andere Novellen
Mit einem Nachwort von
Karlheinz Rossbacher
Ullstein Buch 30149

SELMA LAGERLÖF
Anna, das Mädchen aus Dalarne
Mit einem Nachwort von
Anni Carlsson
Ullstein Buch 30150

Tagebuch der Maria Bashkirtseff
Mit einem Nachwort von
Gottfried M. Daiber
Ullstein Buch 30151

GINKA STEINWACHS
George Sand
Eine Frau in Bewegung,
die Frau von Stand.
Mit einem Nachwort von
Helma Sanders
Ullstein Buch 30152

So haben wir gelebt
Englische Arbeiterinnen
erzählen
Mit einem Begleitbrief
von Virginia Woolf
Ullstein Buch 30153

HONORÉ DE BALZAC
Memoiren zweier Jungvermählter
Mit einem Nachwort von
Irma Sander
Ullstein Buch 30154

MARIE VON EBNER-ESCHENBACH
Božena
Mit einem Nachwort von
Ingrid Cella
Ullstein Buch 30155

JEAN RHYS
Nach der Trennung von Mr. Mackenzie
Mit einem Nachwort von
Heinz Ohff
Ullstein Buch 30156